DECKUNG WIE EIN BOXER

AF191293

Autorenvita

Andie G. Schmitt ist 1970 geboren. Ab
1991 durchlebte er zahlreiche Umzüge
und Jobs im In- und Ausland. Seit 1996
erscheinen diverse Veröffentlichungen von
ihm in Literaturzeitschriften, Fanzines und
Anthologien.

Deckung wie ein Boxer

Andie G. Schmitt

Gedichte

Bibliografische Information der Deutschen Nationalbibliothek

Die Deutsche Nationalbibliothek verzeichnet diese Publikation in der Deutschen Nationalbibliografie; detaillierte bibliografische Daten sind im Internet über http://dnb.dnb.de abrufbar.

Korrektorat: Steffanie Reimann - brandenburglektorat.com
Grafik: Karbo_Kreto/ Shutterstock.com
Satz, Umschlaggestaltung, Herstellung und Verlag:
BoD – Books on Demand, Norderstedt

ISBN: 978-3-7578-4972-6

INHALT

BALKONGÜNTHER

Jedes Mal wenn ich zum Haus
meiner Freundin ging,
musste ich an diesem
Balkon vorbei.
Es ging gar nicht anders.
Es sei denn, ich hätte
einen großen Umweg in
Kauf genommen.

Egal welches Wetter, egal welcher
Wochentag, dieser alte Mann,
saß immer auf diesem Balkon.
Hinter ihm hing eine große US-Flagge
an der Hauswand.
Das sei Balkongünther,
ließ meine Freundin mich wissen.

Balkongünther?

»Ja, weil er fast immer aufm Balkon sitzt.
Der is' mehr draußen als in seiner Wohnung!«

Eines Tages, als ich wieder mal vorbeilief,
stand seine Frau innen an der Balkontür.
Ich konnte sie durch die weißen
Gardinen erkennen. Es war, als würde sie
sich verstecken und sah verstohlen zu mir rüber.
Mit ihm hatte ich öfters ein paar Worte
gewechselt. Doch seine Frau kannte
ich nicht.

»Du, heut' war Balkongünther gar nicht da.
Hab nur seine Frau gesehen. Hat sich hinter
der Gardine versteckt oder so.«

»In Zukunft wirst du nur noch seine Frau sehen!«

Ich erfuhr, dass es Balkongünther
nicht mehr gab.
War im Krankenhaus gestorben.
Krebs.

Heute ist Samstag.
Ich gehe wieder an dem Balkon vorbei
und es regnet, als wäre Gott über
einen mit Wasser gefüllten Eimer gestolpert.
Der Balkon ist verlassen und ich
nicke kurz Richtung US-Flagge.

Möge es ihm gut gehen
und möge er einen schönen
neuen Platz auf einem noch
schöneren Balkon gefunden haben.

BUNDESJUGENDSPIELE

In der letzten Grundschulklasse:

Jeder wollte diesen Zettel.
Diese U R K U N D E.
Es gab Ehren- und Siegerurkunden.

Ich wollte sie nicht.
Keine von beiden.
Aber ich tat, was man von
mir verlangte:

50-Meter-Lauf in etwas über 14 Sekunden:
Zu langsam.

Im Zonenweitsprung,
keine zweieinhalb Meter: Zu kurz.

Weitwurf mit dem Schlagball,
was mir besonders nutzlos erschien,
keine 20 Meter:
Wieder zu kurz.

Ich wollte es nicht.
Ich wollte es einfach nicht.
Das kam mir alles so sinnlos vor.
So sinnlos wie einem
ausgewachsenen Löwen einen
Erdbeerjoghurt zu servieren.

PLUP, wieder war ein anderer
abgesprungen. So weit wie
er flog, wollte er diese Urkunde.
Unbedingt. Und wenn schon,
dann eine Ehrenurkunde.

Er war so weit
weg von mir.
Soweit wie der Saturn
von uns allen.

Alles ein riesiger Erdbeerjoghurt.
Mehr nicht.

Während der andere Junge
im Sandbett landete,
umkreiste ich den Saturn.
Voller Bewunderung für seine
schönen riesigen Ringe,
die ihn umgaben. In wundervollem
schimmerndem Licht.
Ganz weit, weit weg.

Als ich erneut übertrat.

Ungültig, Andreas!, brüllte der
Sportlehrer und warf mir einen
genervten Blick zu. Schließlich
wollte er, dass seine Jungs
möglichst viele Urkunden holten.

Augenblicklich spürte ich seine tiefe
Abneigung. Als hätte sich sein genervter
Blick in einen warmen Atem
verwandelt, welchen ich in jenem Moment
im Nacken spürte.
Doch ich blieb auf meiner Reise
um den Saturn.
Wir drehten aneinander und es
war so real. So, als wolle es
niemals enden.

Während sie rannten und warfen
und in einen Sandkasten hüpften,
drehte ich mich weg,
mit aufgestellten Handflächen
über meinen Augen,
in den Mittagshimmel blickend.

ALLES AUFGERÄUMT

Sie sagte es mir an einem Septembernachmittag.
Du, hör mal, ich muss mit dir reden. Und ich wusste,
es wird nichts Gutes zu hören sein.

Unsere Beziehung sei am Ende. Das wisse ich doch
sicherlich auch. Ich wusste es nicht. Das müsse ich
doch auch spüren, dass da nichts mehr sei.

Für mich war da noch allerhand. Klar, unsere
Beziehung hatte feine Haarrisse. Wie bei einer Vase.
Von weitem sieht's top aus, aber wenn du näher
rangehst ... na ja. Gut, ich nahm es an. Alles, was
kam, nahm ich an. Was hätte ich sonst auch tun
sollen? Heulen?

Es hätte nichts geändert. Ich hätte mich nur zum
Trottel gemacht. Also nahm ich es, wie man es von
einem Mann in meinem Alter erwartete.

Am nächsten Morgen fing ich an aufzuräumen. Ich
wollte nicht unnötig an sie erinnert werden. Doch das
war leichter gesagt, als getan.

Nahezu alles in meinem Apartment war von ihr. Also
Dinge, die ich nicht so einfach wegräumen konnte.
Ein Sekretär, eine Kommode, ein kleines Schränkchen
und ein kleiner Nachttisch. Die Dinge, die darauf oder
darin lagen, machten mir zu schaffen. Setzten mir
arg zu. Wesentlich mehr, als ich mir tags zuvor noch
anmerken ließ. Aber es musste sein, das wusste
ich. Aufräumen. Nimm die Dinge vom Herzen weg,
verabschiede dich mit Respekt und dann:

Lass es los. Lass es in Ruhe. Mit einem
Schlüsselanhänger von ihr fing ich an. Er lag in der
ersten Schublade des Sekretärs.

Mit einem kleinen Stoffbären dran. Wir beide mochten Bären. Besonders Pandas hatten es uns angetan. Erblickten wir einen im Fernsehen, wurden wir butterweich. Verwandelten uns für einen kurzen Augenblick in kleine Kinder zurück. Oh, sind die niedlich. Wie schön. Dieses Fell und diese Knopfaugen.

Dann fand ich einen Bierdeckel aus einem gemeinsamen Urlaub. Der kleine weiße Rand war vollgeschrieben mit ihren Liebesbekundungen. Es war eine wirklich schöne Zeit damals.

Ein Kugelschreiber mit dem Logo ihres kleinen Unternehmens fand ich als nächstes und vier Passbilder von ihr. Weiß Gott, wie die hierherkamen. Des Weiteren, ein Nasenhaarschneider. Sie verabscheute es, wenn mir die Haare aus der Nase wuchsen. Zwei kleine grüne Tupperdosen folgten. Sie liebte Tupperdosen. Eine Sonnenbrille lag in der untersten Schublade.

Das war's. Es war nicht viel. Im Badezimmerschrank lag noch ein schwarzer Haarring von ihr, umwickelt von einigen ihrer langen braunen Haare und ich roch an ihnen.

Aber da war nichts mehr. Nur eine dünne Schicht Staub, die jetzt an meiner Nase hing. Jetzt habe ich nur noch eins von ihr. Ein altes Weihnachtsgeschenk.

Diese silberne Sprungdeckeluhr. Ich drückte die Krone, der Deckel ging auf und ich sah, die Zeiger waren stehengeblieben.

Ich erinnere mich an einen ihrer letzten Sätze: ALLES HAT SEINE ZEIT!

Nur wir hatten fortan keine mehr.

DORF DER SELBSTMÖRDER

Es ist jetzt fast 35 Jahre her. Meine Großeltern väterlicherseits lebten damals in einem kleinen Dorf. Südwestlich von Mainz. Keine 2000 Einwohner. Geprägt von Landwirtschaft und Weinbau.

An Wochenenden waren wir oft zu Besuch. Große Neuigkeiten gab es selten. Zumindest keine guten. Wenn doch, ging's dabei meist um Selbstmorde.

Entweder hatte sich der Sohn eines Karl-Heinz in seiner Scheune oder der „Helmut von drüben" auf'm Dachboden erhängt.

Ein paar Wochenenden später gab es diesen Karl-Heinz auch nicht mehr. Hatte sich ebenfalls erhängt.

Zwei, drei Wochenenden danach hatte sich „der Helmut, dem die Frau davongelaufen ist" mit seinem Motorrad den Schädel eingefahren. Ist ungebremst gegen 'nen Baum gerast. Hatte keinen Helm auf. Der Arme. Seine Tochter hatte es überall herumerzählt. Die Arme.

Und es dauerte gar nicht lange ... Mein Vater fragte, mit der Kuchengabel in der Hand, wie es denn dem Manfred vom Hof Soundso ginge.

Ach der Mani ... Den haben se in seinem Bett gefunden. Der hatte doch Schulden für Drei. Der ist jetzt auch tot! Hat Tabletten genommen – der alte Säufer. Jetzt is' er weg!

So ging das über Jahre. Und jedes Mal, wenn wir in dieses Dorf hineinfuhren, sah ich keine Menschenseele auf der Straße herumlaufen. Wie nach einem Giftgasangriff. Alles ausgestorben. Nur Häuser, kleine Geschäfte und Straßen.

Nichts weiter.

ALLE BÜCHER DIESER WELT

Er erzählte mir voller Stolz von seiner großen Büchersammlung und ließ mich zugleich wissen, dass er wesentlich mehr Werke der Weltliteratur besäße als ich.

Ich sagte ihm, es sei nicht nötig alle Werke der Weltliteratur zu besitzen. In den meisten stehe eh nichts, als eine riesige Ansammlung von Buchstaben. Nur viele nutzlose Buchstaben, weiter nichts. Viel Zeug, welches die Menschheit nicht braucht.

Mit einer Geschichte könne man alle Bücher dieser Welt lesen und ich empfahl ihm Ein Tag im Juni von Sylvia Plath.

Er sah mich mit ungläubigen Augen an. Sie strahlten nur so von Unwissenheit. Von einer Art Unwissenheit, wie sie nur ein Theoretiker hervorbringen konnte und so ließ ich ihn stehen. Ohne ein weiteres Wort.

Weder gesprochen, noch geschrieben.

FRAU MIT ÜBERSINNLICHEN KRÄFTEN

Wir lagen in ihrem Bett und philosophierten über
unerklärliche Phänomene wie Ufos und Telepathie.
Bis sie mir plötzlich sagte, dass auch sie eine Art von
übersinnlichen Kräften besäße.

Dreimal sollte ich mir etwas ausdenken.
Irgendetwas. Scheißegal was. Sie würde es sicherlich
lesen können. Ich tat es. Sie lag dreimal daneben.
Kam noch nicht mal in die Nähe meiner Gedanken.

Sie wäre wohl gerade nicht richtig in Stimmung.
Aber dafür könne sie sich so sehr auf den Wecker
im Wandschrank konzentrieren, dass dieser sofort
Alarm schlagen würde. Gesagt getan, drückte sie
einen Zeigefinger an ihre linke und einen an die
rechte Schläfe, schloss ihre Augen und verharrte so
fast eine Minute lang.

Der Wecker blieb stumm. Nichts. Wäre eben nicht
die richtige Welle. Welch Welle? Die Verbindung zum
Kosmos! Aber beim nächsten Mal funktioniere es
ganz bestimmt. Könnte mich drauf verlassen.

Sie könne schon ein wenig Hexen. Wenn sie sich
ganz gezielt auf etwas oder eine bestimmte Person
konzentrieren würde, dann ...

Mich hatte sie schon verhext und dafür liebte ich sie.

DAS LETZTE MAL UND DANN FORT

Natürlich weißt du Bescheid.
Dir ist klar, dass es kommen
wird, irgendwann.
Das letzte Mal. Egal für was.

Wenn du zum letzten Mal
durch dein geliebtes Heim
spazierst. Wie eine Katze,
die zum letzten Mal ihren
Platz aufsucht.

Wenn du weißt, es geht fort
von hier und du ein letztes Mal
durch deine alte Straße läufst.

Vertraute Straßenlichter
zeigen dir noch einmal,
wo du hingehen möchtest.

Der letzte Snack an
deinem Lieblingsimbiss,
drüben, im kleinen Park.

Am nächsten Morgen
schließt du zum
letzten Mal deine Tür ab.
Verabschiedest dich
von deinem Hausmeister
und seiner arbeitslosen Frau.
Waren immer gut zu dir.
All die Jahre.

Die Möbel hast du schon
vorgeschickt. Brauchst also
nur noch die beiden großen
Koffer nehmen
und gehen.

MELODIEN EINER NACHT

Der Kühlschrank brummt. Das Holz in den Schränken knarrt. Autos rauschen vorbei. Musik von der unteren Etage kriecht leise durchs Haus. Eine Frau unterhält sich unverständlich und lacht zwischendurch laut auf. Während Autoscheinwerfer ihr Licht, wie ein Kreisel, quer durch mein Zimmer werfen. Es kriecht über die Kommode, bis hoch zur Decke und verschwindet wieder so schnell, wie es gekommen war.

Durch mein weit geöffnetes Küchenfenster höre ich eine mir unbekannte ausländische Sprache. Aber dem Ton nach, scheinen sie sich zu amüsieren. Von der Wohnung über mir läuft Wasser durch die Leitung, bis runter zu meinem Badezimmer.

Ich stehe auf, zünde mir eine Zigarette an und blicke aus dem Küchenfenster. Ein Buchstabe der Leuchtreklame des Autohauses gegenüber ist defekt und die Blätter der beiden Bäume vor meinem Wohnzimmer rascheln. Als würden sie geheime Botschaften miteinander austauschen. Die Selbstgedrehte schnippe ich im hohen Bogen Richtung Bürgersteig, lege mich wieder aufs Sofa und schlafe friedlich ein.

AUS EINER ANDEREN ZEIT

Als der Eismann durch die kleine Straße fuhr und sich mit seiner Handglocke bemerkbar machte - was war das noch für eine Zeit! Wir waren Kinder und rannten jauchzend diesem kleinen Bus hinterher. Aufgeregt, mit einem 50-Pfennig-Stück in der Hand. Damals bekam man noch eine Eiskugel dafür. Die restlichen zehn Pfennig wurden in kleine Brausebonbons, zu je ein Pfennig das Stück, investiert. In dem kleinen Tante-Emma-Laden. Vorne, an der Ecke.

Manchmal höre ich in meinen Gedanken, die Stimme des Eismanns noch heute. Etwas heiser. Aber dennoch gut zu verstehen. Diese Stimme, die unser aller Kinderaugen leuchten ließ. Gerne würde ich wieder losrennen. Doch er ist für immer abgebogen und kommt nie wieder zurück.

Heute höre ich nur noch die Sirenen der Polizeiwagen durch die Straßen jagen und weiß mit dieser Zeit wenig anzufangen.

ORT, WO NICHTS IST

Sie brachten im TV eine Dokumentation.
Über Namib – der ältesten Wüste der Welt.
An der Südwestküste Afrikas.
Auf dem Gebiet von Namibia und Angola.
Khoekhoegowab sprechen sie dort.
Was in etwa soviel bedeutet wie
Weiter Platz oder Leerer Platz.
Oder einfach Ort, wo nichts ist.

Ort, wo nichts ist! Das klang äußerst interessant.
Wie das pure Paradies. Aber es kam noch besser.

Einige Sanddünen dort haben sogar eigene Namen.
Namen wie Big Mama, Big Daddy oder einfach
Düne 45.

Sanddünen an der Westküste Afrikas.
Mit mehr als 80 Millionen Jahren
die älteste Wüste unseres Planeten
und sie nennen ihn Ort, wo nichts ist.

Das gefiel mir. Das bekam ich nicht mehr
so einfach aus meinem Kopf. Endlich hatte es
keinen Sinn.

Ort, wo nichts ist – und fertig.

Der Wüste war es egal und allen
anderen auch. Vollkommen schön

und fertig.

AUS ALTEN SCHUBLADEN

spielt mir Mc Cartneys Yesterday
entgegen, als mein rechter Daumen
einen Abdruck auf einem verstaubten
Tintenglas hinterlässt.

Da liegt mittig:
Ein Füllfederhalter aus Holz,
in grasgrüner Farbe.
Hat einmal geschrieben, vor
langer Zeit, für irgendjemand.

Zudem:
Viele Schwarz-Weiß-Fotos mit gelben
Flecken darauf zeigen fremde Menschen
vergangener Generationen.

Dann:
Ein kleiner Bilderrahmen hält ein
Foto eines jungen Mannes
mit stolzem Gesichtsausdruck.
In Soldatenuniform. Unteroffizier.

Daneben:
Ein Hochzeitsfoto. Vom Soldaten und
seiner Braut. Beide lächeln, nicht
gekünstelt, nicht falsch.
Es ist nur ein schmales Lächeln.
Aber voller Zärtlichkeit.
Beinah etwas neckisch.

Weiter hinten:
Gerümpel, wie große Gummibänder
für Einmachgläser, alte Haarspangen,
einzelne Teile von Kugelschreibern
und sogar zerbrochenes Glas.
Ich halte ein Stück davon vor
mein rechtes Auge und drehe mich
Richtung Fenster. Blicke hindurch und
sehe mich als Kind auf einem Spielplatz.

Jetzt:
Ich stecke dieses Glasstück
in meine Hemdtasche und
mache mich auf, Richtung Keller.
Denn die Dunkelheit zwischen den alten
Weinfässern dort wartet auf mich.
Modriger Geruch, wie ich ihn mag, überall.
Versetzt mich in vergangene Zeiten.

Denn vor der Zukunft war mir
Angst und Bange.

SPUKHAUS

Sie erzählte mir davon. Ganz aufgeregt.
Schritte könne sie hören.

Vom obersten Stockwerk ihres Hauses.
Oft klopfe er auch an Wänden
und Türen.

Wer war ER?

Ihr verstorbener Mann.
Als wolle er irgendwann ganz zu ihr
herunter kommen und da
weitermachen, bevor er starb.

Unmittelbar nach seinem Tod
begann die Spukerei und hörte
nicht mehr auf. Es passierte nicht
jeden Tag, aber so gut wie jede Woche.

Er wolle nicht für ganz gehen.
Davon war sie überzeugt.
Schließlich würden die anderen,
Besucher und so, die Geräusche
auch hören.

Ich hörte nie etwas. Nicht einmal.
Vermutlich sei ich nicht empfänglich
für Phänomene dieser Art.
Meinte sie.

Warum sie nicht schnell die Treppe
hochrennt, wenn sie etwas hört,
wollte ich wissen.
Das würde sie sich nicht trauen.
Angst direkt habe sie nicht.
Aber hochgehen?
Nein, dazu fehle ihr dann doch
das Quäntchen Mut.

Er würde ab und an nach dem
Rechten sehen und auf sie
aufpassen. Davon war sie überzeugt.

Eines Tages lächelte ich sie an:

»Jetzt hab ich's auch gehört!«,
und zeigte mit dem rechten
Daumen zur Decke.

WAS IST POESIE?

Ich las gerade Houellebecqs
Gedichtband Wiedergeburt,
als sie sich von hinten
am mich schmiegte und
ihre rechte Wange an meine
linke presste.

»Was liest'n da für'n schönes Buch?«

»Gedichte«, murmelte ich.

Sie verharrte für einige
Sekunden und las
schweigend mit.

»Äh ...«, tönte es leise
in mein linkes Ohr,
»versteh ich nicht. Schreibt
irgendwie kompliziert, dieser«,
sie klappte die Titelseite um,
»... Ho-ulbek? Erklär du mir
was Poesie ist, Schatz, ja?«

»Weiß nicht!«

»Och bitte ...«

Sie entnahm mir das Buch,
warf es auf den Tisch und
setzte sich mit einem
erwartungsvollen Lächeln
seitlich auf meinen Schoß.
»Also gut. Nun, Poesie ...
ich glaube Poesie ...«,
»Jaja, was?«, kam es ungeduldig
aus ihr heraus,
»ich glaube, Poesie ist, wenn du
fühlst, wie Wasser aus einem
Fluss langsam durch deine Finger
rinnt, wenn du sie nur hineintauchst ...«
»In einen Fluss oder in ein Meer ... ?«,

unterbrach sie mich.
»Ja in einen Fluss, meinetwegen.
Oder wenn du in den Himmel blickst
und dich fragst, was es dort oben vielleicht
noch gibt. Vielleicht ist Poesie aber
auch das Ticken einer schönen alten
Taschenuhr und du spürst dabei, wie
die Zeit um dich herum stehen bleibt.
Oder wenn du eine Blume ausreißen
willst und es dir im letzten Moment
anders überlegst. Wenn du bei
Mozarts Musik 'ne Gänsehaut
bekommst. Oder wenn du mit
nackten Füßen über eine Wiese
läufst. Vielleicht ist das Poesie.«

»Oh ja ... das ist schön ...«, dabei
schmiegte sie ihren kleinen Kopf
an meine Brust, »davon stand
aber eben nix bei diesem Ho-ulbek.«
Sie hob ihren Kopf und sah mich
mit einem erwartungsvollen Blick an.
Ein wenig wie: Und jetzt? Was kommt jetzt?

»Dann weiß er's eben nicht
oder glaubt was anderes!«

»Hm ... und ich? Bin ich auch
Poesie für dich?«
Sie hob ihre Augenbrauen und
neigte den Kopf leicht zur Seite.
Erwartungsvoll das zu hören,
was ich jetzt sagen sollte.

Ich blieb ihr die Antwort schuldig
und sie machte sich wortlos
an die Zubereitung
des Abendessens.

PURPURROT IM MORGENGRAUEN

Die ersten Sonnenstrahlen durchdringen
denVorhang, als ich das Radio einschalte.
Sie spielen etwas Trauriges. Ohne Text.
Nur helle Synthesizerklänge.

Drüben, auf der Kommode, steht immer
noch ihr Bild. Ihr Mund lächelt so frisch
wie dieser Morgen. In Purpurrot.
Als wäre die Leidenschaft ihrer
Küsse nie vergangen.

Ich sehne mich nach ihren Worten.
Aus diesem Purpurrot. Habe sie schon
so lange nicht mehr gehört. So wähle
ich ihre Nummer. Scheint sich nicht
geändert zu haben.
Es klingelt und ich warte.

Nichts passiert. Ich lasse es so
lange Klingeln, bis das Besetztzeichen
kommt. Ich versuche es erneut.
Aber es bleibt nur dieses Klingeln,
dieses Besetztzeichen
und die Synthesizerklänge
aus dem Radio.

Er schlägt und tritt nach ihr.
Wirft sie zu Boden und traktiert
sie weiter. Immer wieder.
Plötzlich hält er ein Messer in der
Hand und fängt an, auf sie einzustechen.

Erste Passanten kommen dazu.
Sie bilden einen Halbkreis um das Geschehene.
Als hätten sie Eintrittskarten für einen
Gladiatorenkampf – Mensch gegen Mensch – gekauft.

Ich nehme die Fernbedienung und schalte um.
Vier Löwinnen gehen auf einen Büffel los.
Eine vielversprechende Mahlzeit erwartet sie.

Eine Löwin greift immer wieder gezielt den Hals an
und versucht gleichzeitig mit ihren Pranken, den
Büffel zu Fall zu bringen. Die zweite springt auf
seinen Rücken, während sich die beiden anderen
an den Hinterläufen zu schaffen machen.

Es scheint, der Naturkampf sei gelaufen, doch dann,
noch etwas zögerlich, kommt ein weiterer Büffel
in das Bild der Kamera. Beäugt das Geschehene
einen Moment lang – und dann:
Mit einem urgewaltigen Stoß seiner Hörner
katapultiert er die Löwin,
vom Hals seines Artgenossen,
mehrere Meter durch die Luft.
Als zwei weitere Büffel hinzukommen,
ergreifen die drei übrigen Löwinnen die Flucht.

HOCH HINAUS

Das wollte sie immer.
Ganz oben stehen.
Früher lief's nie so bei ihr.
Wollte sie später
alles wieder wettmachen.

»Wozu brauch ich denn 'nen Kerl?«,
lachte sie mich an
und stürzte sich in ihren Job.
Als selbstständige Handelsvertreterin
für Kosmetikartikel.

Den ganzen Tag fuhr sie
durch die Stadt.
Bis die Straßenlaternen angingen.
Den Kofferraum voll künstlicher Schönheit.
Alles für die Frau.

So machte sie sich auf den Weg.
Schon frühmorgens.
Für die arbeitslosen Weiber.
Meistens war da nur
ein Lippenstift drin. Weiter nichts.

Damit malten sie sich dann an,
um ihre Kerle abends etwas aufzuheitern.
Oder um auf etwas Neues zu hoffen.
Wenn schon kein Job, dann wenigstens
einen ordentlichen Fick. Hier und da.
Was hatte man denn heute noch
zu lachen?

Ja, sie wollte hoch hinaus.
Verbrachte so ihre
Tage,
Wochen,
Monate
und Jahre.

Neulich war ich wieder mal bei ihr.
Auf 'nen Kaffee.
Ihr Geschäft lief zur Zeit nicht gut.

»Wie hoch bist du jetzt?«,
fragte ich sie, an meiner Tasse nippend.

»Höher als du mit deinem Schreibzeug!«,
gab sie mir zurück.

Ja, sie war 'ne ganz Pfiffige.
Hatte meist das letzte Wort.

Sie hatte immer noch den gleichen
klapprigen hellgrünen VW Golf.
Das gleiche blaue Kleid mit den
großen weißen Punkten drauf.
Wie damals.

Alles an ihr war wie damals.
Sie hatte es nicht geschafft.
Mit dem hoch hinaus.

So saßen wir in ihrer kleinen Küche
und tranken Kaffee.
Eine Tasse nach der anderen.
Quatschten über dies und das.
Über Gott und die Welt.

»Wozu brauch ich denn 'nen Kerl?«,
lachte sie mich mit ihren makellos
weißen Zähnen an und dann,
nach einem kräftigen Schluck,
traurig und leise:

»Wozu ...?«

AUF DER SUCHE

gehe ich in einen Laden
und sehe sie,
diese Schnürsenkel.
Habe 43 Jahre nach ihnen
gesucht und sie heute gefunden.
Liegen einfach auf diesem
Wühltisch und keinen juckt es.
Nehme eine Paar und gehe
Richtung Kasse.
Gefunden, nach 43 Jahren.

So hat alles seine Bedeutung.
Zumindest glauben das
die meisten unter uns.
Dass sie DAS irgendwann,
irgendwo finden.

So gehe ich heim
(was immer das sein mag)
und fädele sie ein,
diese Schnürsenkel.
Voller Stolz präsentiere ich sie
meiner Umwelt.
Hier und da. Aber keiner
merkt es.

Und das nach 43 Jahren.

AUF DER TERRASSE

Da sitzen sie. Ende Juli eines Jahres.
In der Gluthitze. Bei 31 Grad im Schatten.
Die Frau des Hauswarts und fünf Nachbarinnen
aus dem Nebenhaus.

Sie sind schon alt.
Sehr alt. Manche haben schütteres Haar.
Aber ordentlich gekämmt!
Hätte man ihr Alter addiert,
wären sie älter als
Johann Sebastian Bach heute.
Ich will ihnen das sagen.
Mit Stolz für sie. In meiner Stimme.
Aber das hätte ihnen wohl nicht gefallen.
So sage ich nichts.

Für das Angenehme an diesem
Julitag sorgt ein anderer.

Die Tür zum Hinterhof geht auf.
Mein Hauswart mit weißem Haar,
als hätte es jemand mit Kreide angemalt,
kommt empor.
In den Händen hält er ein kleines
grünes Tablett.
Darauf stehen sieben kleine Gläser.
Gefüllt mit Weißwein.
Fast bis zum Rand.

Er lächelt mich freudig an.
Er ist immer eine Frohnatur.
Er hat immer ein schönes
Leben gelebt.
Ließ er mich oft wissen.
Bei einem kleinen Schwätzchen.
Hier und da. Auf dem Hausflur.
Oder lässig angelehnt, im Türrahmen
seiner Erdgeschosswohnung.

Er stellt Glas für Glas auf den Tisch,
setzt sich dann zu den Frauen.
Mit dem Rücken zu mir.
Dreht sich aber um, als er mir zuwinkt.
Ich nicke der geselligen Runde zu.
Spreche einige belanglose Sätze mit ihnen.
Nach mehr ist mir nicht.
Obwohl ich diese Menschen mag.

Ich gehe wieder rein, an den Briefkästen vorbei,
durchs Treppenhaus.
Kalkweiße Wände, dunkelgrüner Linoleumboden.
Das Treppengeländer ist dick mit weißer
Farbe bestrichen und am Ende wartet
ein geschnitzter Schlangenkopf.
Als bewache er das ganze Haus
vor ungebetenen Eindringlingen.
Alles aus Holz. Sehr hohe Wände.
Typisch Berliner Altbau.
In der zweiten Etage steht das
Flurfenster auf Kipp und ich höre
ihr Lachen. Ihre Geselligkeit ist
regelrecht zu spüren.

Doch es ist nicht diese Gluthitze,
welche meine Stimmung zum
schmelzen bringt.
Nein, sie kann mir nichts anhaben.
Es ist dieses Warten.
Es schafft mich. Jeden Tag.
Das Warten dieser Menschen.

Dieses langsame Sterben.
Ein Warten auf den Tod.
Ich spüre ihn für sie.
In diesem Moment.

Ihre dünnen langen Finger, welche jetzt
diese Weingläser halten -
mal zart gewesen. Schon lange her.
Heute sind sie farbig wie Wüstensand
und genauso rau.

Ihr Lachen wird kurz unterbrochen.
Der Wein schmeckt, kühlt und beflügelt.
Er fließt ihre Kehlen hinunter. Schön.
Denn wer weiß schon, wie lange noch?

Ich betrete mein kleines Apartment.
Schließe doppelt ab. Drehe das
Kastenriegelschloss bis es nicht
mehr weiter geht.

Setze mich an meinen Sekretär und trinke
fast gefrorenen Pfirsich-Eistee und höre Bach,
als laute Polizeisirenen mich
fast zu Tode erschrecken.

DAS GESETZ SEINER LIEBE

Am Schluss bist du immer allein,
sprach Großvater
kopfnickend ins jugendliche
Ohr seines Enkelsohnes.

Der Jugendmund stand voller
Spannung offen. Doch ein Oh
brachte er nicht hervor.
Schweigend lagen seine
taufrischen Hände auf der weißen
Polyestertischdecke. Genau zwischen
den Ornamenten und warteten
gebannt auf Weiteres.

Alles ist nur geborgt.
Selbst Frau und Kind. Nichts
ist für immer! Außer dem Tod
und der Zeit, welche der Tod
totschlägt, mein Junge.
Waren seine Worte.

Das Leben ist wie ein Märchen:
Es war einmal ...
Und sie lebten bis ans Ende ihrer Tage ...
Dazwischen ist eine Realität.
Irgendeine.

Oder kannst du zweifelsfrei beweisen,
dass 4 und 3 gleich 7 ist?
Nein, man hat es euch nur gesagt.
Aber in Wahrheit ...

Aber in Wahrheit gibt es doch
die Liebe!
Wozu sollten wir sonst da sein?,
fragte der Enkel mit
pubertierendem Wissen.

Großvater erwiderte:
Doch wann grenzt sich
die Liebe wieder ab?
Ist das Ergebnis ihrer Leidenschaft,
ein Leiden, welches an
ihren Wurzeln hängt?
Was ist, wenn die Liebe sich
plötzlich dreht?
Und doch ist sie das, was uns
am Leben hält.
Denn drehen tut sich alles –
und die Welt um sie!
Dennoch ist auch sie
nur geliehen. Auf Zeit.
Diese Liebe. Also hüte dich
auch vor ihr! Denn sie ...

Ist nur geliehen!, rief der Enkel
in die Worte des Großvaters.

Ja – und so schön sie auch
ist, sie kann und wird dich
verletzen. Dennoch brauchst du,
brauchen wir sie alle.
Aber selbst sie kann man nicht
ewig halten. Sie wird, wenn man ganz
großes Glück hat, zu einem Teil bleiben,
mein Junge.

Sie wird kommen und gehen.
Wie die Sterne am Himmel,
wo auch wir beide eines Tages
sein werden.

DIE GESCHICHTE VON EINEM BILD

Mutter erzählte mir aus ihrer Schulzeit.
Es war in der dritten oder vierten Klasse.
Eines Tages gab ihre Kunstlehrerin
eine Hausaufgabe auf.
Sie sollten malen, wie sie sich Menschen
unterschiedlichster Rassen vorstellen
würden und dies, nach ihren Vorstellungen,
bildlich darstellen.

Mutter überlegte über ihrem Blatt Papier,
wie sie das nun malen sollte.
Schließlich gab es schwarze und weiße
Menschen und sogar welche mit
Schlitzaugen und und und.

Am darauffolgenden Tag ging sie
zu ihrer Lehrerin und gab ihr Bild ab.
Menschen mit verschiedenen Hautfarben und
Augenformen hatte sie nicht gemalt.
Nicht, wie die anderen Kinder ihrer Klasse.
Manche malten den Planeten und zeichneten dann,
im jeweiligen Land, Menschen –
so, wie die Kinder sie dort vermuteten.

Also schwarze Menschen in Afrika.
Gelbe Menschen in China. Den Chinesen verpassten
sie auch noch kleine Striche als Augen.
In Amerika hatten einige von ihnen Federn auf
dem Kopf. Die Kinder wussten es nicht besser.

Mutter malte nichts von alldem.
Sie malte nur zwei Hände.
Die eine etwas größer als die andere. Ohne Farben.
Nichts war ausgemalt.
Diese beiden Hände waren ineinander
verschränkt. Sie waren sich einfach einig.

Die Lehrerin gab ihr eine glatte Eins und
meine Mutter wusste, dass es gut war.

ZURÜCKGESPULTES SCHICKSAL

Ich trat einfach in dein Schicksal ein,
als ich herunterkam zu dir.
An diesen Fluss.
Du Frau, saßt da in der Hocke
aufs Wasser blickend.
Schweigend. In jeder deiner Faser
absolute Stille.
Ich setzte mich zu dir.
Ungefragt aber schweigend.
So wusstest du, ich kam in Frieden.

Als meine Hand am Ufer schürfend
einen Stein fand, warf ich diesen
flach ins Wasser. Viermal prallte
er an der Oberfläche ab, bevor
er in der Tiefe versank.
Das gefiel dir und ich sah dein
kleines Lächeln, als du es mir
gleichtatst. Dein eigener Stein
hüpfte auch viermal, bevor er unterging.
Doch er ging an einer ganz anderen
Stelle unter, als mein Stein.
Obwohl ich mit rechts warf und du,
heimliche Partnerin, mit links, gab es
keine Annäherung. Der Fluss
teilte nicht unser Schicksal. Nein,
er ließ es nur untergehen.
Aber wir blieben schweigend da,
an diesem Fluss des Lebens.
Bis du wortlos aufgestanden bist
und einen kleinen Fuß vor den
anderen gesetzt hast. Bis deine
Silhouette in der Abendsonne
verschwand.

So gingen wir getrennt fort.
Leer, schwer und schweigend
wie die versunkenen Steine
unter Wasser.

AUF DER ÜBERHOLSPUR
IN DIE VERGANGENHEIT

In den meisten Städten, in welchen ich
lebte, verdiente ich mir meine Brötchen
als Nachtwächter. Es war ein einfacher
Job und sie stellten die Leute ein, ohne
groß Fragen zu stellen.
Beim Vorstellungsgespräch, was zugleich
auch das Einstellungsgespräch war,
musste man den Personalchefs nur brav
verklickern, dass Nachtschichten kein
Problem darstellen. Schließlich habe man
so immerhin tagsüber frei und an
Wochenenden nehme man die
Steuerzuschläge gerne mit. So einen
Scheiß oder so etwas in der Art. Und
schwupp, rückten sie den Arbeitsvertrag
raus.

So machte ich das jahrelang. Von Stadt
zu Stadt. Von Sicherheitsfirma zu
Sicherheitsfirma. Dabei gab es alle möglichen
Arbeitszeiten. Von 17 Uhr bis 5 Uhr,
von 18 Uhr bis 6 Uhr, von 19 Uhr bis 7 Uhr
und von 20 Uhr bis 8 Uhr. Das
waren die Angebote der Arbeitgeber.

Ich nahm mir immer irgendein Buch mit
und dann ging es los. Sie schickten mich
zu einer Tierversuchsanstalt, einem
Chemiekonzern, einem Rüstungsbetrieb,
zu diversen Kliniken und sogar einen
Spielautomatenhersteller hatten sie in petto.

Den ersten Rundgang lief ich nach der
jeweiligen Dienstvorschrift. So musste
ich mit einer runden Stechuhr dreißig bis
siebzig Kontrollpunkte ablaufen und jede
Stechstelle, an welcher ein Schlüssel hing,
in diese Stechuhr stecken und einmal
umdrehen. Das war's. So konnte jeder
einzelne Auftraggeber genau prüfen, wann
ich wo war.

Das Problem daran war, dass ich selten
mehr als eine Runde lief. Dafür hätten sie
mich eigentlich feuern können. Aber es
interessierte den jeweiligen Arbeitgeber
nicht besonders. Es war eine Art Spiel.
Ein Spiel zwischen Auftraggeber,
Sicherheitsfirma, der Versicherung des
Auftraggebers und mir. Ich war dabei nur
eine Art Nachweis, dass da nachts überhaupt
irgendeiner umhergeisterte.

Gesagt, getan, rannte ich die einzelnen
Kontrollpunkte ab. Mehr oder weniger.
Suchte mir irgendwann ein gemütliches
Plätzchen in einem Büro und machte mich
dann, im Schein der Tischlampe, an das Buch.
Stundenlang.

Lange blieb ich nie. Manchmal nur einige
Monate, Wochen oder einzelne Tage.
Dann zog ich in die nächste Stadt.
Gleich die erste Sicherheitsfirma stellte
mich sodann wieder ein. Anfangs für
11,11 DM. Viele Jahre später waren es dann
5,25 Euro die Stunde. Es war mir gleichgültig.
Absolut gleichgültig.
Denn diese Nächte, diese Leere großer
Betriebshallen, diese Armada unzähliger leerer
Büros legten einen sanften Schleier des
Friedens um mich. Alles war so verlassen.
Als wäre ich in diesen Nächten der einzige
Mensch auf diesem Planeten.

So nahm ich mir wieder ein Buch und
los ging's.

Das Leben hatte mich wieder und ich mein Leben.

TOTE DICHTER

Sie nahm ein Buch aus meinem Regal.
Ihre Wahl fiel auf Anne Sextons Live or Die.
Wahllos blätterte sie einige Seiten um und
begann dann zu lesen. Nach wenigen
Augenblicken stellte sie es an die
gleiche Stelle zurück. Machte einen
Schritt nach rechts und zog, ohne
irgendeine erkennbare Reaktion zu
zeigen, Drei Frauen von Sylvia Plath
hervor. Wieder blätterte sie einige
Seiten um und begann zu lesen.
Diesmal etwas länger.

Dann drehte sie sich zu mir,
holte tief Luft – so tief, dass sich
ihre Brüste etwas anhoben – und
wollte wohl gerade zur Kritik
ansetzen, doch ich kam ihr zuvor:

»Die Details des Lebens waren wohl
etwas zu viel für sie. Deswegen bringen
sich manche von ihnen um. Leute wie
wie Celan, Hemingway oder Sexton
und Plath.«

Sie blieb starr vor dem Regal stehen.
Ihr kleiner Mund stand etwas offen.
Ihr kleiner Kopf bewegte sich langsam
zu einem ungläubigen Nein. Dann stellte
sie das Buch zurück.

Auf die Details verzichtete sie.

U-BAHN DIVA

Sie stand oben an der Treppe zum U-Bahnhof.
Diese alte Dame. Im tiefsten Winter.
Ein schwarzer Hut bändigte mühevoll ihr weißes,
schulterlanges Haar. Ihr ockerfarbener Mantel
ging fast bis zu den Schuhen. Die rechte Hand
stützend auf ihrem Wägelchen. Eine Tupperdose
stand obendrauf und wartete auf kleine Spenden.
Der linke Arm im 90-Grad-Winkel vorm Körper,
mit gespreizten Fingern, welche sie in leichten
Wellen auf- und abrollen ließ.
Als würde sie sich selbst dirigieren.

Dann kam es aus ihr heraus. Mit einer Leidenschaft,
wie ich sie zuvor nur selten gehört hatte:

Die Schicksalsmelodie.

Voller Inbrunst gab sie ihr Bestes. Die wellenartige
Bewegung ihrer linken Hand hörte fortan auf.
Aus ihren gespreizten Fingern wurde eine Faust,
die sie auf ihre Herzseite presste.
Der Rest ihres Körpers hingegen bewegte
sich so gut wie gar nicht.

Nie zuvor hatte ich so eine Stimme gehört.
In keinem Opernhaus der Welt. Sie gab
mir Hoffnung. Heute, in diesem Moment.
So, wie sie da stand und sang.
Vor diesem Aqua-Dom-Sea-Life-Plakat.

Diese Diva
längst vergangener
Jahre.

AUSGELÖSCHT

Neulich besuchte ich meine Ex.
Sie hat ein kleines schmuckes Häuschen.
Am Stadtrand von Berlin.
Der Garten hinterm Haus ist wahrlich
schön. Links, im großen Beet,
nur Blumen. Eine schöner als die
andere. Gegenüber stehen ein
Pflaumen- und ein Nussbaum.

Das Haus, Baujahr 83, hat
seine Geschichte. Wie jedes Haus.
So auch das des Nachbarn auf
der rechten Seite. Meine Ex kannte
diese Leute, jahrzehntelang. Manchmal
war ich mit drüben. Auf deren Terrasse.
Wir tranken Kaffee und aßen Kuchen.

Doch sie sind schon lange tot.
Weg.

Jetzt wohnt dort ein anderes Ehepaar,
Mitte 50. Haben natürlich alles
umgebaut.
Damit haben sie alles ausgelöscht.
Alle früheren Spuren weggewischt.

Veränderungen gehören zum Leben.
Bis uns das Sterben dazwischen kommt.

Irgendwann wird es mit dem Haus meiner
Ex genauso sein.

Du denkst den Haustürschlüssel zu besitzen.
Ja, so mag es aussehen.
Aber in Wahrheit bist du nur der Zeitbesitzer.
Nicht eine Sekunde der wahre Eigentümer.
Egal, ob abbezahlt oder nicht.
Es ist alles nur geliehen.
Ein Kreislauf, der sich nie wirklich schließt.

Wer wird in 30 Jahren auf der Terrasse
meiner Ex sitzen,
auf welcher ich heute sitze?
Und das Haus, die Inneneinrichtung,
der Garten, die Garage?
Wie wird es dann aussehen?
Wer wird dann dort wohnen?

Erst verschwinden die Menschen.
Dann ihr persönliches Hab und Gut.
Schlussendlich werden deine Geschichte
und Erinnerungen an deine Person
verblassen und schal.

Wie ein altes, verlassenes Glas Bier.

ALTER WACHMANN

SECURITY GUARD stand in großen Buchstaben
an den Schultern meines weißen Diensthemdes.
Nachtschicht von 18 Uhr bis 6 Uhr am Ku'damm.
Zwölf Stunden lang saß ich vor dieser
Brandmeldezentrale. Funktionierte noch nicht
so richtig. War noch in der Testphase.
Damit durch unbeabsichtigte Fehlalarme nicht
die Feuerwehr alarmiert werden konnte, hockten
sie einen dorthin. Mich.
Kam doch ein Fehlalarm rein, musste ich diesen
nur rechtzeitig quittieren und die Zeit ins
Wachbuch eintragen.
So setzte ich mich im biederen Schein der
Notbeleuchtung hin, wartete und rauchte eine
Zigarette nach der anderen.

Gegen 3 Uhr morgens ging eine Fluchttür
am Gebäude gegenüber auf und ein alter Kauz
einer anderen Sicherheitsfirma schlürfte auf
mich zu. Gute fünf Meter vor mir blieb er stehen
und setzte sich auf einen Poller. Ich sah ihn nicht
an und er sagte kein Wort. Stattdessen kramte er
eine Packung roter Pall Mall aus seiner
ausgebeulten Diensthose und steckte sich eine an.

Nahm mit geschlossenen Augen einen tiefen Zug.
Und gleich noch einen hinterher.
Kein Wort wurde gewechselt. Vielleicht erwartete
er eine Regung von mir. Schließlich war ich der
Jüngere. So hatte wohl ich den roten Teppich des
Respekts auszurollen. Ja, ich war mir sicher, dass
er dies erwartete.

Ich tat nichts.

Nach einigen Minuten ließ er die Zigarette zu
Boden fallen und trat sie ewig lange aus.
Seine Schuhspitze rollte dabei über die Kippe,
als wollte er sie, im wahrsten Sinne des Wortes,
verschwinden lassen. Sah flüchtig in meine
Richtung und spuckte dann auf den Boden.

Ich stand auf und blickte ihm direkt ins Gesicht.

Er hob seinen Hintern vom Poller, ging zur Fluchttür
zurück, schloss sie auf und verschwand in der
Dunkelheit des Treppenhauses.

BLAU

Gestern Nacht zappte ich mich durchs Programm.
Bei RAMBO III blieb ich.
Sylvester Stallone in Afghanistan.
Unterstützte die Mudschaheddin im
Kampf gegen die Sowjets.

Ein Freiheitskämpfer bringt Stallone einen Koffer
mit Ausrüstungsgegenständen und fragte diesen,
ob es das ist, was er haben wollte. Er bejaht kurz.

»Hab ich noch nie gesehen, diese Sachen.
Was ist das?«, wollte der Freiheitskämpfer wissen.

»Sprengzünder!«, war die kurze und klare Antwort.

»Das?«, fragte der Freiheitskämpfer und holte
einen länglichen weißen Stab aus dem Koffer
hervor, »Wozu ist das?«

Stallone nahm ihm daraufhin den Stab aus der Hand,
knickte diesen und antwortete: »Das ist blaues Licht.«

Der Freiheitskämpfer blickte ihn mit ahnungslosen
Augen an: »Und was macht es?«

»Es leuchtet blau!«

»Verstehe ...«

Das war seit langem das Beste,
was ich im Fernsehen gesehen hatte.

BURGER-KING-TÜTE

Es war in den frühen Morgenstunden,
als wir uns wieder mal stritten.
Ein Wort gab das andere. Dann gingst du,
mit Kleidern notdürftig um deinen
schönen Körper gewickelt. Ich wusste
nicht, wohin es dich verschlagen würde
und so machte ich mich auf den
Weg zur Arbeit.

Gegen Abend fand ich dich in deiner
Küche, am Herd lehnend. Dein Blick
war abwesend, Richtung Fenster.
Als wolltest du dir einen neuen Fluchtweg
ausdenken. Vielleicht für immer.

Einige Tage später hattest du dich freiwillig
in diese Psychiatrie einweisen lassen.
Ich wusste von deinen Problemen, vermied
es aber, sie anzusprechen.

In meiner Küche fand ich noch einige
Habseligkeiten von dir. Nichts besonderes.
Krimskrams und eine zerknüllte Burger-King-Tüte.
Du mochtest dieses Fast-Food-Zeug genauso
sehr wie ich.

Tags darauf rief ich in der Klinik an.
Wir sprachen über deine Erkrankung,
über unsere Kindheit und über Gott und die Welt.
Das ging noch für einige Wochen so.
Doch wir wussten beide, dass es vorbei war.
Auch wenn wir es nicht direkt ansprachen.
Unsere kurze Beziehung würde keine
längere werden.

Diese Burger-King-Tüte hatte ich schon
längst weggeworfen. Aber jedes Mal,
wenn ich an einem Fast-Food-Restaurant
vorbei komme, denke ich an dich.

DIE RESTE DER KLEINEN LEUTE

»Oh ja, das hat er sich wahrlich verdient,
nicht wahr?«
»Oh ja, das hat sie sich wahrlich verdient,
nicht wahr?«
Sie loben sich und jeden Dreck.
Jeden dämlichen Bullshit.
Ist es auch noch so unbedeutend.
Im Gegenteil. Dann erst recht!
Umso größer der Scheißhaufen,
umso wärmer die Komplimente.

»Oh, heute war's echt'n harter Tag.
Puh, ich sag's dir. Jeeede Menge Arbeit
und dann abends noch die Gartenarbeit.
Aber es ist geschafft. Denn ich ...«

»Warum wohnst du nicht einfach
in einem Hochhaus?«, antwortete ich.

Keine Reaktion. Nur große leere
Augen, die durch mich hindurchblicken.

»Ihr wollt euch mit euren Selbstlügen
eine eigene Wahrheit erschaffen. Aber daraus
wird nichts! Ihr lobt euren Dreck so
lange über den großen Kamm, bis
er ordentlich da liegt. Aber Dreck bleibt
Dreck und wird nicht sauberer. Du kannst
ihn nur entfernen wie ein elendes Geschwür.«

Sie klammern sich an ihre Grashalme.
So halten sie sich über ihren Gewässern.
Und wenn's bis zum Hals steht,
gelächelt wird immer noch.
Sieht positiver aus, ich weiß.
Denn die Pessimisten kommen
in die Hölle, ich weiß.

beschließt er, das Rauchen aufzugeben.
Die lächerliche Märklin-Eisenbahn zu entsorgen.
Seinen Kegelbrüdern zu sagen, dass er nicht mehr
wiederkommen wird.
Die sorgfältig sortierte Briefmarkensammlung
entsorgt er in der Papiertonne.
Die teure Angelausrüstung, Werkzeug und
das Teleskop gleich hinterher.
Der Fernseher bleibt heute aus! Nachrichten und
Sportergebnisse braucht er nun nicht mehr.

Sie beschloss, den Kaffeeklatsch mit
Frau Zerban augenblicklich einzustellen.
Alleine steht sie jetzt vor ihrem Lieblingskleid.
Legt es zusammen, um es dann zu entsorgen.
Die Habseligkeiten aus ihrer Handtasche
legt sie ausgebreitet auf die weiße Tischdecke.
Ihr Anblick erzeugt nur ein schmales,
fast spöttisches Lächeln bei ihr.

»Alles hat seine Zeit!«, flüstert sie ihm ins Ohr
und legt ihre Hände in seine.

Jetzt brauchen sie keine gemeinsamen Hobbys
mehr. Keine Gemeinsamkeiten mehr an fremden
Orten. Alte Urlaubsfotos sind wie angehaltene
Spiegelbilder einer vergangenen Epoche.
Kein Gekünstel mehr. Denn die Realität kennt
nur das, was wirklich da ist. Nichts weiter.

Lebe nicht jeden Tag, als sei er der letzte.
Lebe ihn so, als sei er der erste,
der niemals zu Ende gehen sollte.

So, wie ein Tag vorm Tod.

DIESE FRAU DA DRÜBEN

Jeden Tag lief sie an meinem Fenster vorbei.
Diese Frau von einem Wow! Die pure Schönheit,
wohin ich auch sah. Sie musste einem einfach gefallen.
So lief sie, mit ihren kleinen Füßen in kleinen
Schritten diese kleine Gasse hinunter.

Tagein, tagaus. Sie muss entweder in der Umgebung
arbeiten oder leben. Oder beides.
Immer allein. Keine männliche Begleitung, keine
weibliche. Kein Hund, den sie Gassi führte. Niemand
an ihrer Seite. Aber immer eine lange, dünne weiße
Zigarette zwischen ihrem rechten Zeige- & Mittelfinger.

Ich konnte erkennen, dass sie keinen Ring trug.
Weder rechts noch links. Was mich irgendwie beruhigte.
Wie dämlich, wie pubertär von mir. Aber es gefiel mir.
Es gewährte mir einen Spielraum der Fantasie.
Was wäre gewesen, wenn ... Dieses alte Spiel des
Lebens und der Liebe.

Hätte ich einfach hinausgehen sollen, ihr
hinterherlaufen?
Sie fragen sollen, ob sie einen Kaffee mit mir trinken
mag?
Aber was wäre gewesen, wenn sie einen Freund gehabt
hätte, gar einen Ehemann? Ring hin, Ring her.
Und wenn nicht? Hätten wir uns kennengelernt und
einen gemeinsamen Pfad eingeschlagen? Sie und ich?

Was wäre geschehen? Wären wir irgendwann in eine
gemeinsame Wohnung gezogen, gar geheiratet?
Wäre sie mit ihrem Rollator neben meinem
Spazierstock gelaufen? In einer anderen Zeit,
in einem anderen Leben vielleicht.

Als sie um das Haus, unten am Ende der Gasse,
verschwand, drehte ich mich um, lief in die Küche,
machte mir einen Kaffee und verbrannte mir
mit dem ersten Schluck ordentlich die Schnauze.
So ging das monatelang, doch ich sprach sie
nie an.

GENERALDIREKTOR

An einem Heiligabend
lernte ich ihn kennen.
Mit gestandener Stimme
nannte er mir seinen
Vor- und Zunamen.
Jetzt sei er Rentner.
ABER davor Generaldirektor!
Bis dahin hatte er es geschafft.
Bei Siemens. In Berlin.
Generaldirektor!
Darauf legte er großen Wert.
Das war seine ganze Welt.
Sein ganzer Kosmos.

Als seine werte Gattin
mir ihre Hand reichte,
rollte sie ihre Augen
mit einem dezenten Lächeln
Richtung Decke.

Wir wussten beide,
was uns heute Abend bevorstand.

Nach zwei weiteren Jahren
ging es gesundheitlich
rapide mit ihm bergab. Seine Diabetes
machte ihm das Leben schwer.
Brach ihn regelrecht in zwei Teile.
Der oberere wurde misstrauisch
und böse.
Der untere war völlig außer Kontrolle
und schiss ständig ein.
Was ihm äußerst peinlich war
und so verließ er das gemeinsame
Haus so gut wie gar nicht mehr.
Tat es seine Frau, musste sie
ihm zuvor genau erklären:

a) Wo sie hinging
b) Mit wem sie sich traf und
c) Wie lange sie weg bleiben würde.

Vor knapp sechs Wochen
verstarb er.

a) Seine Frau ist momentan nicht mehr zu erreichen.
b) Das gemeinsame Haus ist bereits verkauft und
c) Sie ist gerade im Urlaub.

Aber wo genau, weiß keiner.

ALS KIND GLAUBST DU ALLES

Dass Teddybären und Stofftiger sehen
können und sich nachts bewegen.
Wenn Du schläfst.
Dann laufen sie herum.
Kriechen unter dein Bett und lachen leise.
Während du träumst, friedlich
und noch unerfahren.

So sitzen sie da, deine kleinen Freunde
aus Stoff und Helden aus Plastik.
Sie wachen über dich.
Beschützen dich in deinen Träumen.

Also, halte sie fest! Darum geht es!
Bleib dran, an den Plastikhelden.
Solange du kannst!

Denn die Realität in der geschlagenen
Stunde wird kommen,
glaube mir.
Die Zeiger fremder Worte
werden dich führen, irgendwann.

Allmächtiger -
die Blätter werden von den
weißen Bäumen fallen
und alles was dir bleibt,
ist das Aufsammeln
des verdorrten Laubs.

Du wirst es, brav, in blaue
Müllbeutel geben
oder direkt zum Komposthaufen.
Hinten am Garten, an deinem
fleißigen Ende.
Aber es dient dir nur kurzzeitig
als Flucht.
Wie eine zu Ende gegangene Welle
in einem Fluss.

So, abends, gestrandet vom Tag,
gehst du zu Bett.
In Erfüllung deiner eigenen Ehrfurcht
und doch geschlagen.
So liegst du da. Dann.

Deine Hand berührt den
kalten Unterschenkel
einer Frau, vielleicht.
Während es dunkel wird
und der Teddy jetzt
in einem anderen Zimmer
sitzt und lacht.

Wie der Clown des Lebens.

DIE VERGÄNGLICHKEIT
EINER ANTHURIE

Wir saßen in ihrer Stube, knabberten
Salzstangen und schauten uns auf
Discovery Channel ein Interview
mit einem NASA-Astronauten an.
Er war gerade oben, auf der ISS.
Eine Erfahrung, welche er niemals
vergessen werde. Insbesondere die
exzellente Zusammenarbeit mit den
Russen, lobte er.
Die Erde sei wunderschön,
so beautiful. Die Stratosphäre
lege sich wie ein blau leuchtender
Flaum um unseren Planeten.
Niemals würde er das vergessen.

Im Hintergrund blendeten sie
dementsprechende Aufnahmen ein.
Er und ein russischer Kosmonaut
waren in der Cupola und
winkten voller Freude.

Das Schönste aber sei, die
Erde so zu sehen, wie sie wirklich
ist. Ohne Landesgrenzen.
Alle Kontinente würden aussehen,
wie ein einziger.

»Es wird so kommen. Und noch
viel, viel dichter, keine Sorge.«,
sagte ich zu meiner Freundin.
Sie drehte langsam ihren Kopf
zu mir, biss ein Stück der
Salzstange ab und reagierte:

 »Wie meinsten das?«

»In ein paar Milliarden Jahren
wird es an diesem Platz, hier«,
ich deutete auf den Fußboden
»und heute gar nichts mehr
geben. Nicht mal einen kleinen

Punkt. Nur ein extremes, fast
einhundertprozentiges Vakuum.
Das war's. Bingo.«

»Darum geht es hier doch gerade gar nicht!«

»Aber alles ist vergänglich und
fängt irgendwo, irgendwie
immer wieder neu an.
So wie deine wunderschöne
Anthurie, da drüben.
Irgendwann wird sie ihren Platz
räumen. So wie du und ich.
Wie jeder hier und dort. Nur
wirst du mit deiner Anthurie
kein so großes Theater
machen wie, beispielsweise
mit deinem Sohn.«

Sie schob sich den Rest der
Salzstange in den Mund und
sah mich für einen Moment
fragend an und sprach es dann aus:

»Wie meinsten das jetzt? Was
hat mein toller Sohn mit dieser ...
Anthurie zu tun? Ich bitte dich!
Das kann man ja wohl nicht
vergleichen.«

»Nach meiner Auffassung gibt
es keine unendlich vielen Antworten.
Da jede Antwort an sich erstens,
irgendwann sowieso jede Bedeutung
verliert, und zweitens, jede Frage
die Antwort bereits in sich trägt.
Oder kannst du mir eine absolute
Antwort auf eine absolut unmögliche
Frage geben?«

»Das klingt ja mal wieder äußerst
pessimistisch, meinst nicht auch?«,
entgegnete sie mir, mit einem fast
versöhnlichen Lächeln.

»Oh nein. Das hat nicht das Geringste
mit Pessimismus zu tun. Davon haben
wir bereits überall genug. Alles was ich
dir damit sagen wollte, war, das hier ist
nichts anderes als ein Kommen und ein
Gehen. Unaufhaltsam und immer und
immer wieder.«

»Aber wie meintest du das eben?
Mit meinen Sohn und dieser ... Anthurie?«
Ihre Unterarme schwangen in diesem Moment
nahezu synchron nach oben und genauso
wieder nach unten.

»Eigentlich hast du diese Frage
doch schon selbst beantwortet.
Ich meinte, wenn diese Anthurie,
da drüben, ihre Blätter hängen
lässt und verendet.
Dann nimmst du sie, feuerst sie in
die Mülltonne und kaufst eine neue,
fertig. Oder eine andere Pflanze, die dir
gefällt. Wenn dein Sohn aber vor
dir das Zeitliche segnet, dann wirst
du voller Trauer sein und ihn mit
einer würdevollen Beerdigung ehren.«

Ihre Augen wurden leicht glasig
und ihr Kehlkopf hob und senkte sich.
Das hatte ich nicht gewollt.

»Es war nur ein Beispiel, weiter
nichts. Nur ein Beispiel, Süße.«

»Aber 'n ganz schön krasses ...«

Stille.

Ihr Blick sank zu Boden und es
begann in ihr zu arbeiten. Das war
nicht zu übersehen.
»Okay, aber was hat das denn nun
mit dem Astronauten von eben zu tun?«

»Dass er recht hatte. Wir sollten
versuchen, einen schönen Moment
möglichst lange für uns zu behalten.
Wie die schönen Momente mit deinem
Sohn. Die, die nur du mit ihm hattest
und haben wirst. So auch wie bei
diesem wundervollen Anblick deiner
Anthurie. Denn nichts bleibt. Egal wie
groß es ist. Egal wie klein es ist.
Egal wie man's dreht.
Auch dieser vielleicht einzigartige Ort,
welchen wir Erde nennen, wird nicht
bleiben. Das steht fest. Fester als ein
Diamant hart ist. Und für den Weltraum
da draußen sind wir noch nicht mal
eine Anthurie. Wir sind nur eine Art Ding,
welches jetzt hier ist, bis die Sonne uns grillt.
Und den Mond auch. Unsere vielen kleinen
Grenzen, von Menschenhand gezogen, werden
verschwinden. Baue also hier unten
gar nicht erst irgendwelche Grenzen
in deinem wunderschönen Kopf auf.«

Sie sah mich wieder an. Und in ihren
Augen lag etwas versöhnliches.
Was mich etwas überraschte.

 »Dann bist auch du so eine Art
Astronautin. Das meinte ich damit.
Nichts böses, okay?«

Sie nickte zustimmend, nahm
die Fernbedienung und schaltete
den Fernseher aus.
»Dann sollten wir die Zeit
genießen, nicht wahr?«,
und gab mir einen Kuss auf die Wange.

»Du sagst es. Das sollten wir wirklich tun.«

BEAM ME UP, SCOTTY

In Kindertagen war er mein
absoluter Lieblingsheld.
In Raumschiff Enterprise.
Mochte ihn mehr als Spock
oder Captain Kirk.

Er beamte seine Kameraden
aus jeder brenzligen Situation
zurück aufs Schiff.
Meist in letzter Sekunde,
immer gerade so.
Bevor ein feindlicher Laserstrahl
seine Kameraden traf
oder irgendein Monster
sie zu verschlingen drohte.

Das war Scotty.
Das war sein Job.

Vor einigen Monaten
haben sie Reste von seiner
Einäscherung ins All geschossen.
In der Presse hieß es,
es wäre sein sehnlichster
Wunsch gewesen.

Nun schwebte Scotty also
irgendwo da oben
herum und
ich wünsche mir, wie
damals, als ich noch
Kind war, Scotty könnte
auch mich hochbeamen.
Aus jedem Problem.
Immer gerade so,
wenn's brenzlig werden würde.
Kurz vorm Aus.
Er würde mich einfach
wegbeamen. In eine
andere, bessere Zeit.
An einen schöneren Ort.
Irgendwo hin.

Das konnte nur Scotty!

Ich wünsche mir, er
wäre noch da. Jetzt,
um mich zu holen.

Beam me up, Scotty.
Beam me up.

Please!

DIE SCHÖNHEIT DER DRECKIGEN NATUR

Betrachtet man einen Wald, sieht er schön aus.
Oder hast du schon mal von einem
unschönen, gar dreckigen Wald gehört?
Ich hab's noch keinen sagen hören.

Doch wenn du näher ran gehst und
die Details siehst, kommt das reinste Chaos
zum Vorschein. Plötzlich ist es gar nicht
mehr so grün, so bunt, so rund, so eckig.

Alles ist aufeinander gestapelt, liegt quer
herum. Heute hier, morgen da. Es hat
seinen Kreislauf und alles ist egal.
Eben weil es so ist, wie es ist, fertig.

Da können wir noch so sehr die Uhr
umstellen oder uns neue Maße einfallen
lassen – es spielt einfach keine Rolle.
Also, halt den Ball flach. Meld' dich mal
krank, lehn' dich zurück und rauche
genüsslich einen Joint.

Alles was du dazu brauchst, gibt dir
die Natur. Wenn's dann vorbei ist
und du 'nen Abgang machst, verbreitest
du ein letztes Chaos. Freunde und
Angehörige rennen herum, flennen
plötzlich um dich, deinen toten Körper.

Dabei hat alles nur seine Ordnung.

Die Ordnung und die Schönheit
der dreckigen Natur.

ABENDGEDANKEN

Das Sonnenlicht fiel mit dem
faden Herbst in mein
kleines Zimmer.
Sanft wärmend und schön.
Vollkommen in seiner Struktur.
Wie kein großer Maler es je
auf Leinwand hätte
besser bringen können.

Die Farben des Lebens sind
meist besser als ihre Linien.
Auch wenn du vieles schwarz siehst.

So sitzen wir im Schutzraum,
welchen wir Wohnung nennen.
Weitere Horizonte: Heimat.
Denn in bekannten Strukturen
fühlen wir uns geschützt.
Wie der Embryo im Mutterleib, einst.
Im Vertrauen
unseres menschlichen Instinkts.

Nichts ist wirklich wichtig.
Außer Liebe!
Sie ist besser als jedes Nichts
und jedes Alles, welches du an
einer in sich versinkenden
Welle beobachten kannst.

Denn Liebe ist wie Gewehrkugeln
aus einem heißen Lauf.

Lass dich ruhig von ihr treffen.
Auch wenn du bemerkst,
dass es nur ein Streifschuss war.

DIESES ETWAS

Der Trainer, mit seinem Sport als Lebensinhalt,
und seiner davon genervten Ehefrau.
Dieses Siegergefühl, was ihn so aufwühlt
und sie, weiß Gott, nicht verstehen kann.

Das Ende eines traurigen Films,
was sie zum Nachdenken anregt,
während er in der Küche
Kreuzworträtsel löst.

Wenn der Staub vergilbter Fotos
in unseren Nasen kribbelt.
Der Kindergeruch von damals –
bringt uns dieses Etwas.

Wenn du nachts aus dem Fenster
den Vollmond bestaunst.
Den Geschmack der rosa Zuckerwatte
nochmal schmeckst. Lang ist's her.

Wenn du vor Sehnsucht den kleinen
Flur deines Apartments auf und ab
läufst und auf sie wartest.

Wenn Kollegen auf der Arbeit den
großen Macker mimen, um ihren
Vorgesetzten zu gefallen und du
dir eine Pause gönnst.

Wenn das Lachen der Kinder, unten von
der Straße, durch dein gekipptes
Fenster dringt, während das Leben
im TV durch Mord und Tod
ersetzt wird.

Wenn du den Wahnsinn von heute
verstanden hast und dir eine
Zigarette anzündest, um
nachzudenken.

Wenn du Menschen bei Familienfeten
beobachtest. Ihr gekünsteltes Lachen,
ihre schwungvollen Gestiken, die den Mist
aus ihren Mündern noch mehr verdeutlichen.

Wenn sie vor Geschäften übernachten,
weil es morgen ein neues Smartphone
gibt.

Wenn du dich an dem erfreust, was sie
vergessen haben. In Momenten – fern
ihrer Zeit, wird dich das festigen.

Dieses Etwas.

Es täuscht nicht.
Es hat keine besonderen Farben.
Es hat keine besonderen Formen.
Es hat keine Meinungen.
Es benötigt keine Dialoge.

Wir müssen es nur wahrnehmen.
Dann kommt es zu uns.

In allen Gezeiten des Lebens.

Dieses Etwas.

FEIERN, FESTE & LIEBE

Meine Ex hat eine große Familie.
So um die 25 Leute. Oft trafen wir uns.
In irgendwelchen Gärten.
Zum Kaffee oder Grillen.
Schließlich gab es immer irgendetwas
zum Unterhalten.
Was die letzten Wochen so passiert ist
oder was der ein oder andere
für die Zukunft plant.

Jahre später erfuhr ich, dass es bei
einzelnen Paaren und ihren Kindern
gar nicht so rosig aussah,
wie es oft vorgegeben wurde.

Schließlich haben Familienmenschen ihre Familien.
Mit Höhen und Tiefen. Sie verpflichten sich,
schwören sogar Treue darauf, sich ihrer
Verantwortung zu stellen. Koste es, was es wolle.

Werden die Kosten dann zu hoch,
verwandeln sie sich wieder in Einzelmenschen.
Schwur hin, Schwur her.

Wie ein Schmetterling, der sich in die Raupe
zurückverwandelt und an einen sicheren
Ort verkriecht. So wird aus dem Einzelmensch
dann der Alleinmensch. Er hat die Einsamkeit wieder,
welcher er einstmals entfliehen wollte.

Feiere du die Feste, solange ein Feuer brennt.

Ich verkrieche mich lieber gleich
unter ein Blatt und genieße
das dunkle Plätzchen.

DOPPELT UND DREIFACH ABGESICHERT

»Ich liebe dich«, sagte ich ihr und hoffte,
sie würde das Gleiche sagen.
»Du weißt doch gar nicht, was das ist – Liebe.«
Ich sagte nichts mehr und ging zu Bett.
Nach einer knappen Stunde kam sie nach
und flüsterte in mein linkes Ohr:
»Ich liebe dich doch auch, mein kleiner Miesepeter.«

Als ich mir eine neue Arbeit suchte, sagte ich ihnen:
»Das ist genau das, was ich suche!«
»Hm, ja, ja, aber eigentlich sind sie überqualifiziert!«
Meinten sie damit, ich sei eine Art Bedrohung?
Was auch immer. Nach vier Tagen rief
mich einer von ihnen an:
»Wenn ihrerseits noch Interesse besteht,
können sie nächsten Montag anfangen.«
Ich wollte und sie gaben mir den Job
als Nachtwächter.

So ging das hin und her und her und hin.
Es ist diese doppelte und dreifache Bestätigung,
welche sie von dir haben wollen.
Sei es in der Liebe, dem Job oder Sonstiges.
Viele merken es schon gar nicht mehr,
da sie in ihren eigenen Kreisen diese
Bestätigungen ungefragt bekommen.
Und die, die es merken, machen sich einen
Spaß daraus, dich ein wenig betteln zu lassen.

Fragt man scherzhaft nach, ob man
vielleicht eine andere Sprache spricht,
sind sie meistens beleidigt oder geben eine
schnippische Antwort. Es scheint ihnen den
Boden unter ihren Füßen zu nehmen.
Kann auch sein, dass sich die Welt zu
schnell für sie dreht und sie aus ihren
eigenen Reihen fallen.

Ich weiß es nicht!
Ich weiß es nicht!
Ich weiß es nicht!

GROSSVATERS HAND

Es herrschte an diesem Abend
eine Atmosphäre wie in einem
alten Märchen der Brüder Grimm.

Ich war 14, 15 Jahre alt,
als ich meinem Großvater
sagte er sei so alt,
für mich.

Da legte er nickend
seine linke Hand auf
den alten Küchentisch,
sah mich an, reckte sein Kinn
energisch hoch und gab mir
so zu verstehen, dass ich es
ihm gleich tun solle.

Da lagen sie nun.
Unsere Hände.
Alt und jung.
Erfahren und unerfahren.
Seine von harter Arbeit
gezeichnet.
Meine unbelastet vom
Umblättern unzähliger
Comichefte.

Die Haut seiner Finger
war auffallend hell und
sah von oben aus wie
kleine felsige Erhebungen,
durch die kleine
Rinnsale flossen.
Die Fläche seiner
Mittelhandknochen sah
aus wie eine Felswand.
Unter dem Nagel seines
linken Zeigefingers war
ein großer dunkelblauer Fleck,
fast zu einem schönen Kreis
geformt. So saßen wir da und
betrachteten unsere Hände.

Plötzlich lachte er kurz auf,
zog seine Hand wieder weg
und sah zur Decke hoch.
Während er seine rechte Hand
auf meinen Kopf legte.

Heute ist seine Hand schon
lange fort. Alles weg.

Es war einmal ...

ALTE NEUE HEIMAT

Vor gut einem Vierteljahrhundert
verließ ich sie. Diese Stadt, welche
ich einst Heimat nannte.
Mit einer großen Tennistasche auf
dem Rücken und verzerrten Filmen
in meinem Kopf.

Gestern Nacht lief ich durch
die Fußgängerzone dieser Stadt.
Sah in die dunklen Auslagen
der Geschäfte
und verstand nichts mehr.

Es hatte sich viel getan.
Verdammt viel.

Der kleine Bahnhof wurde komplett
umgebaut und neu angestrichen.
Sonnenblumengelb strahlt er nun empor.
Das alte Kino, unlängst renoviert.
Sonnenblumengelb strahlt es nun empor.
Aber immerhin, es war noch da.
Wenn auch ohne den alten Zauber.

Das kleine Postamt, in der Nebenstraße,
mit dem Einmannschalter. An einer Wand
hing damals ein RAF-Fahndungsplakat.
Heute gibt es dort eine neue Postbank.
Die alte Stadtbücherei im Süden der Stadt
suchte einen neuen Mieter.
Selbst der Geruch der großen
Fabrik war anders.
Als atme die Stadt jetzt in
einem neuen Rhythmus.
Alte, bunte Farben waren
gewichen. Heute gibt es hier
eindeutig mehr Glas.
Ganze Straßen und Wege
waren verschwunden.

Doch da war noch der Rhein.
Einst meine Welt, aus Abenteuern bestehend.
Auf Bäumen habe ich gesessen
und Schiffe beobachtet.
Steine geworfen, soweit
es ging. Am Ufer
Sonnenuntergänge gesehen
und von unerreichbaren Mädchen geträumt.
Mit einem Bowiemesser
auf Bäume geworfen.
Auf Bänken gesessen. Stundenlang.
Flache Steine auf der
Wasseroberfläche zum Springen gebracht.
Von all dem war nun
nicht mehr viel.
Die Aue, heute, mit ihren Ausflugslokalen
und Fressbuden versperren mir jede Sicht.
Jeden Weg.

Nach dem Spielen am Wasser
holte ich mir gerne an dem kleinen
Kiosk eine große Portion Pommes mit Majo.
Der Duft lockte mich.
Heute blicken mich dort zwei
weiße Garagentore an.

Die schönen Mädchen von einst
sind auch fort. Nur große Frauen
mit fremden Gesichtern
schnitten meine Wege.
Bis zur alten Dorfkirche.

Der leere Altar dort strahlte noch
etwas Licht und Wärme über mein Gesicht.
Bis alle Farben verflogen
und mich wieder forttrugen.

DIE STEHER

Ich spazierte oft durch diesen Park.
Blumen und Bäume hatten es
mir schon immer angetan.
Zwischen einigen standen Dealer
mit Waren für das etwas andere Leben.
Mit drei, vier von ihnen kam ich
ins Gespräch.

Einen fragte ich, ob er selbst auch
Gras rauchen würde.
Er verneinte und lachte. Rauchen
würde er, aber kein Gras.
Das verkaufe er nur. Müsste schließlich
von irgendetwas leben. So oder so.
Seine Kumpels und er hatten
früher, in ihrer Heimat, richtige Jobs.
Bis der Krieg kam.
Jetzt seien sie Steher.

Steher?

Ja ... Steher.
Wir stehen hier, weil wir in
keinem Büro sitzen dürfen.
Siehst du's nicht? Wir sind schwarz!,
höre ich's ihn sagen.

Feminine Musikworte aus dem Lautsprecher
begleiten jeden Wellenschlag des Mittelmeers.
Der Sand unter meinen Füßen wirkt wie
warmer Schnee. Das Font Vella-Mineralwasser
am unteren Ende meiner Strandliege heilt
augenblicklich alle Depressionen. Während
dieser Leuchtturm im Hintergrund mich
an Bremen erinnert.

Doch hier ist Formentera.

Zu meiner Linken steht ein Strandeimer
mit entsorgten Souvenirs.
Umringt von wartenden Geckos, welche
schon hier waren, als du fort warst, damals
und irgendwann wieder.

Vor der Strandbar versammelt sich eine Meute
russischer Touristen.
Ihre Stimmen sind wie das Surren eines
Bienenschwarms. Nur unterbrochen von Lachen.
Hier und da.

In weiter Ferne bricht der Horizont in einem
Tieforange. Eine Möwe schwebt direkt über mir.

An meinem linken Unterarm krabbeln
kleine schwarze Käfer hoch, als Wellen mit
einem Geräusch von Sendeschluss eines
alten Fernsehers näher kommen.
Alles scheint sich augenblicklich aufzulösen,
im weißem Meerschaum, der mich reinigt,
jetzt.

FARBE SCHWARZ

Blinde Frau, die ich einst kannte:

Durch deine Blindheit
sah ich die Farben,
welche ich zuvor nie sah.
Die mir stets verborgen blieben.

Nach dem Tod
werden wir alle
vereint sein.
In der schönsten aller Farben.

Schwarz.
Ende.

GESCHICHTENERZÄHLER

Früher war es nervig für mich,
wenn Rentner mir ihre Lebensgeschichte
erzählen wollten.

In Nachbars Wohnzimmer.
Vor dem Supermarkt, wenn ich
einen Einkaufswagen holte.
Oder im Wartezimmer des Zahnarztes.
Dann erzählten sie vom Krieg,
von längst vergangenen Liebschaften,
Ehen, Enkelkindern und von ihren
Krankheiten, welche sie plagen.

Heute habe ich niemanden,
um von meinen Kriegen zu erzählen.
Niemand will sie wirklich hören
und wenn doch, so meistens aus
reiner Höflichkeit.

Ich kann sie verstehen.

Jetzt.
Hier und heute.

HARTE ZEITEN STEHEN BEVOR

So standen wir da. Er in seinem Fahrzeug.
Ich angelehnt an der Fußgängerampel.
An dieser Kreuzung.
Unsere Ampeln hatten Rot.

ICH BIN DIE MIT DEM PUTZFIMMEL!
stand auf seinem Reinigungswagen.

Der Stolz des Fahrers war nicht
zu übersehen.
Vermutlich war er schon lange dabei
und möglichst jeder sollte
es mitbekommen.

Sei es durch dieses leere Lächeln
oder dem noch lächerlicherem Nicken,
welches er mir zuwarf.
Beides hatte einen kurzen Ausdruck von
Überlegenheit inne. Etwa wie einem:
ICH WEIß BESCHEID!
ICH WEIß WO ES LANGGEHT!

Nein, es war keine Reaktion
der Höflichkeit seinerseits.
Es war ein Nicken des Verlangens.
Der ewigen Sehnsucht nach der
Anerkennung, dem Respekt,
als wäre er Teil einer
königlichen Flotte.
Bestehend aus diesem orangefarbenen
Reinigungswagen der hiesigen Stadt.

Da ich ein ungebügeltes Hemd trug,
dazu völlig ausgelatschte Turnschuhe
und eine deutlich zu kurz ausgefallene
Jeanshose, spürte ich seine Philosophie:
ICH BIN DER MIT DEM PUTZFIMMEL.
BEI MIR IST ALLES KLAR, SAUBER
UND STRUKTURIERT.
WIE SIEHT'S BEI DIR DAMIT AUS, ALTER?

Weder grinste ich, noch nickte ich zurück.
Augenblicklich verzogen sich seine Lippen
zu einer harten Linie. Als hätte jemand ein
Lineal auf sein Gesicht gepresst
und einen Strich gezogen.

Die Fußgängerampel sprang
auf grün und ich ging.

EIN VERRÜCKTER NACHBAR

Es war in diesem Ort. Keine 5000 Einwohner. Alle wohnten idyllisch. Zumindest sah es von außen so aus. Das Rheinufer lag nur wenige hundert Meter von unserem Haus weg. Ein Rentnerpaar wohnte direkt gegenüber von uns. Sie grüßten immer und ein freundlicher Plausch über den kleinen grünen Gartenzaun war für sie so selbstverständlich wie das jährliche Weihnachtsfest.

Wenn sie mit niemandem sprachen, taten sie irgendetwas. Die alte Dame hatte einen Putzfimmel. Entweder wischte sie alle Fenster so, dass es jeder aus der Nachbarschaft mitbekam, oder den Aufgang zur Haustür. Sie tunkte den Putzlappen ganz tief in ihren hellblauen Putzeimer. Bis der Schaum an allen Seiten herunterlief. Positionierte sich, ging in eine Art Grundstellung und erklärte dann dem Staub, den kleinen Blättern und allen Flecken den Krieg. Man hätte danach den Aufgang ablecken können. Besonders an heißen Tagen glänzten die Stufen wie eine blankpolierte Münze. Das war ihre Bezahlung. Ihre Genugtuung.

Ihr Mann stand währenddessen an den Rosensträuchern und sah sie an. Immer mit seiner Schiebermütze auf dem Kopf. Ganz gleich, ob es stechend heiß war oder der Schnee knietief lag. Ohne diese Mütze verließ er nie das Haus. So stand er da. Manchmal zwei, drei Minuten lang ohne etwas zu sagen, ohne sich zu bewegen. Dann nahm er eine Hand aus der Hosentasche und berührte einige der Rosen. Ganz langsam schoben sich seine Fingerkuppen unter die Kelchblätter. So vorsichtig als drohe die Blume sonst abzufallen. Oder als würde sie drohen zu zerbrechen.

Sein Kopf ging langsam nach vorne, als würde er ein Gesicht in der Blume erkennen. Ein wunderschönes, einmaliges Gesicht. Doch war alles nur Schein?
Eines Tages sagte Vater mir, der Alte sei plemplem! Plemplem? So ein lieber alter Opa? Aber ... Mutter nickte zustimmend, ohne ein Wort zu verlieren und tippte mit ihrem rechten Zeigefinger an ihre Stirn.

Ich würde ihn nur so kennen, wie er jetzt ist. Der hat sein ganzes Leben in der städtischen Chemiefabrik verbracht. Als Chemielaborant oder so was in der Richtung. Damals nahmen sie die Leute dafür noch ohne Abitur. Dämpfe hätte er eingeatmet. Ja, irgendwelche Dämpfe und davon jede Menge. Ging deswegen auch früher in Rente. Viel früher! Die meiste Zeit ist er ein Ruhiger. Heute geht's. Zumindest bekommt man heute davon nichts mehr mit, von dem ganzen Krempel.

Der Krempel bestand darin, dass er manchmal nachts angefangen habe zu schreien. Wie ein Irrer. Schrie herum. Nur wirres Zeug. Manchmal Sätze wie 'Ihr könnt mich alle mal!'. Dann Geplapper. Stille. Und wieder wirres Geschreie. Seine Frau flüchtete dann und schloss sich ein. Im Bad oder im Schlafzimmer. So hatte sie es selbst erzählt. Überall in der Nachbarschaft hatte sie's erzählt.

Doch damit nicht genug! Manchmal sei er regelrecht ausgerastet. Dann ging er in den Keller. Zu seinem Werkzeug und holte sein Beil. Er soll ihr damit durch die geschlossene Tür gedroht haben. Ihren Kopf würde er abschlagen. Mit einem Hieb. Den Kopf ab!

Keinem Wort schenkte ich Glauben. Dieser alte Mann, der so zärtlich zu seinen Rosen war. Und nicht nur ihnen gegenüber. Ich sah wie er seine rechte Hand schützend auf die rechte Schulter seiner Frau legte. Wie er meiner kleinen Schwester Bonbons durch den grünen Zaun steckte. Manchmal zog er neckisch die Süßigkeit zurück und lachte. Aber immer auf eine liebevolle Weise. Meine Schwester lachte zurück. Er streichelte über ihr langes blondes Haar, tätschelte es dreimal, drehte sich um und ging ins Haus.

Eines Tages verwickelte ich nach und nach die anderen Nachbarn in belanglose Gespräche. Es war nicht schwer. Man musste nur über das Wetter sprechen. Das zog immer. Egal, ob die Sonne schien, ob es regnete, ob es schneite – das Wetter war immer scheiße und es gefiel den Leuten, darüber zu schimpfen. Mir war es gleichgültig. Wie ein verfaulter Apfel, der irgendwo träge herumhing.

Aber es war, wie es war und ist. Rede den Leuten in den Mund und sie reden dir alles gegen deinen Kopf. Du darfst nur nicht zu viel davon hineinlassen. So bestätigten sie mir, was Vater sagte. Sogar die Bullen seien schon hier gewesen. Hier in diesem Ort. Wegen ihm, ja, wegen ihm und zeigten mit dem Kinn Richtung Haus.

Doch wenn er mit seinem Beil auf seine Frau losging, warum ließen sie mich überhaupt rübergehen? Dann saßen wir, er und ich in dem kleinen Wohnzimmer und hörten seine Platten. James Last, Udo Jürgens, die Knef (Für mich soll's rote Rosen regnen) und Konsorten. Er aß dabei gerne Salzstangen. Unentwegt biss er zuerst ein kleines Stück ab und ließ dann den Rest regelrecht durch die Schneidezähne verschwinden. Als gäbe es dort eine kleine Säge. So saßen wir da. Hörten seine Platten und er erzählte vom Zweiten Weltkrieg. Was er erlebt hatte und wie gut es uns heute allen ging. Zwischendurch forderte er mich immer wieder dazu auf, Schokolade zu essen.

Irgendwann starb seine Frau eines natürlichen Todes. Ein knappes halbes Jahr später folgte er ihr. Tags darauf gab Mutter mir eine Einkaufstüte mit einem aufgeklebten weißen Zettel. In krakeliger Schrift stand dort nur ein Wort: Andreas. Die sei von 'dem da' und deutete rüber, aufs Haus. In der Tüte waren vier Hanuta, ein Buch über die Rosenzucht und seine Cord-Schiebermütze.

KARTEIKARTENFRAU

Sie hat schwarze Lackschuhe an
und eine schwarze Cordhose.
Ihre dunkelblaue Jacke hat oben
braunes Innenfell. In ihren Händen
hält sie Karteikarten.
Darauf Vokabeln stehen.
Aber die Sprache ist mir gänzlich fremd.
Doch sie achtet voller Konzentration
auf diese Karten.
Kein Riss. Kein Knick. Alles einwandfrei.
Sie lernt. Auf dem Weg ins Büro?
Vielleicht.
Verschwendet keine Zeit.
Manchmal schaut sie rüber. Zu mir.
Vielleicht bin ich ihr nicht ganz geheuer?

Ihre Haare sind blond. Zu einem Zopf
zusammengebunden. Auf ihrer Nase sitzt eine
modischen Sonnenbrille. Ich schätze sie auf
Ende 50. Zwischen ihren Füßen steht ein
olivgrüner Rucksack und eine schwarze
Lederhandtasche. Alles ist an den Körper gepresst.
Als wäre alles mit ihr verwachsen.

Ich verlasse den Zug.
Ihr Abteil verschwindet im Schlund des
U-Bahn-Tunnels und ich frage mich:
Wozu, verdammt nochmal, das alles?
Was treibt Menschen so an?

Ich setze mich auf eine Bank
des Bahnhofs, während eine Punkerin
auf den Lift wartet und
gelangweilt Kaugummi kaut.

ZWEI BOXER

Es war an einem frühen Wintermorgen.
Dunkelheit umgab meinen Block,
während Reste des Schlafes noch in
meinen Augen ruhten.
Ich schaltete den Fernseher ein. Zu spät.
Wieder einmal.
Die zweite Runde hatte schon begonnen.
Die beiden Boxer droschen
fleißig aufeinander ein.

Ehre, Geld und der Weltmeistertitel standen
auf dem Spiel. Und so schlugen sie weiterhin
kräftig zu. Da standen sich also zwei Männer
gegenüber und prügelten aufeinander ein,
weil sie es sich so ausgesucht hatten.

Keiner wusste so recht über den anderen
Bescheid. Keiner der beiden wusste, wo
der andere aufgewachsen war. Welche Schule
er besucht hatte. Wie die erste Liebe des anderen
war. Die Jobs ihrer Väter, die Erinnerungen
an schöne Momente. Die Träume des anderen.
Nichts von alldem wussten sie.

Ihre Mütter saßen tausende von Kilometer
auseinander und heulten.
Die eine hielt sich an ihrem Glas Wasser fest,
während die andere vor Aufregung das kleine
Sofakissen zerdrückte.

Eure Kulturen waren so verschieden. So fremd,
während ihr jetzt in diesem kleinen Ring steht,
der eure Welt bedeutet.
Doch beide hatten bereits verloren.
Denn Gewinner vergisst man schnell und sie
geraten in den Hintergrund. Dort, wo
die Verlierer bereits warten. Der
menschliche Kampf bleibt meist auf
der Strecke. So oder so.

Nach einigen Runden schaltete ich um.
Die 'Guten Morgen News' begannen.
Zerbombte Kinder. Zerbombte Frauen.
Zerbombte Männer. Wohin du siehst.

Die Sonne stieg langsam auf und
blendete mich. Konnte nur noch die
Aktienkurse erkennen. Sie liefen auf
einem roten Streifen unten durchs Bild.

Immer und immer wieder.

DIESEN GEIST ZU SEHEN

Dort, in Nebraska oder den Pyrenäen,
wo ich niemals war,
möchte ich dich finden.
Dich ansprechen. Einfach so.
Ich möchte die Lieblingsfächer
aus deiner Schulzeit wissen.
Dein Abschluss jedoch, ist mir egal.
Das Große an dir, interessiert
mich nicht im kleinsten Detail.

Dort, in Nebraska oder den Pyrenäen,
wo ich niemals war,
möchte ich wissen, wie das Essen in
deiner Kindheit schmeckte.
Beschreibe den Geschmack, während
ich die Welt in immer kleineren Kreisen
male. Bis wir uns finden.
In unserem Geschmack.

Dort, in Nebraska oder den Pyrenäen,
wo ich niemals war,
möchte ich dein Langsam spüren,
deine Ruhe, deine Sanftheit.
Deinen Zorn fange ich auf und
vergrabe ihn, heimlich.

Dort, in Nebraska oder den Pyrenäen,
wo ich niemals war,
werden wir eines Tages Dinge ausprobieren,
welche wir zuvor nie bedachten.

In dieser zirkulierenden Welt des Wahnsinns.
Wir werden lachend eine Straßenkatze mit
dickem Fell streicheln.

Uns dann nachts in ein geschlossenes Hallenbad
hineinstehlen und ein paar Runden schwimmen.
An diesem lauen Sommerabend.

Dort, in Nebraska oder den Pyrenäen,
wo ich niemals war.
Treffen wir uns, Schlag Sonnenuntergang
und werden schwadronieren über
Mathematik, welche wir nicht verstehen.
Errechnet diese, auf welcher Seite wir landen?
Priester oder Mörder? Oder folgen wir alle Dantes
Spuren?
Wen schert es schon? Die Gelehrten
aus Oxford werden eh nichts mitbekommen.

Dort, wo ich niemals war.
In Nebraska, den Pyrenäen
und der ganzen Welt.

WENN SICH DIE DINGE
LANGSAM ÄNDERN

Die Platten von Jean-Michel Jarre
verstauben nun schon seit Jahren
in meinem Regal.
Mit Warlock, AC/DC und der ganzen
Filmmusik sieht's auch nicht viel besser aus.

Neulich, als ich in den Süden Berlins zog,
hatte ich in den ersten Tagen
noch keinen Fernseher und so schloss ich
meinen tragbaren CD Player
an kleine Boxen an und hörte den
ganzen Abend Musik. Aber nicht diese.

Nein, Wolfgang Petry!

Den ganzen Abend. Selbst als ich
in der Wanne lag.

Noch bis vor wenigen Wochen hätte man
mich damit jagen können.
Ich hasste deutsche Musik. Zumindest die
von Peter Maffay, der Neuen Deutschen Welle
und ganz besonders Wolfgang Petry.

Plötzlich mochte ich diese CD von Petry (wie
auch immer diese in mein Apartment kam)
und hörte sie bis in die frühen Morgenstunden.

Am nächsten Tag ging ich in den kleinen Park
um die Ecke und hätte so gerne die Tauben dort
mit Brot gefüttert.

Meine Gedanken kreisten über fremdartige Dinge.
Ich lachte innerlich darüber.
Verflucht, ich glaube ich habe mich dabei erwischt,
alt zu werden.
Ganz, ganz langsam, aber sicher.

Die Jugend lag wie ein Nirwana hinter mir.

Jetzt.

WIE DER HUND, SO DER MENSCH

In Napoli gibt's 'ne Menge Straßenhunde.
Sie streunen überall herum. Manche in
kleinen Gruppen, andere in größeren.
Haben große Konkurrenz. Andere Köter
wollen ihnen das jeweilige Revier streitig
machen. Gebell, drohendes Zähnefletschen
und Beißen gehören dazu.
In der Zwischenzeit streunen sie um die
Beine der Touris. Betteln um einen
Happen. Stellen sich auf Anweisung
auf die Hinterpfoten und drehen sich.
Den Menschen gefällt's. Der Hund hat Hunger.
So ist der Deal. Egal auf welcher Seite.
Manchmal, mit etwas Glück, fällt dann
hier und da ein kleiner Snack. Meistens
hagelt es aber Beschimpfungen oder Tritte.
Nachts machen sie sich auf die Jagd
nach hübschen Doggirls. Lungern vor den Toren
der reichen Herrchen und Frauchen. Meist
ohne nennenswerten Erfolg. Denn die
Angebetete bleibt ein stummes Gebet
der Hoffnung, weiter nichts.
Und wird der Hunger zu groß, egal welcher,
werden aus Fremden Freunde.

So ist das nicht nur bei Hunden.

ZUKUNFT, WAS FÜR EIN WORT!

Ohne Vergangenheit
kennen wir unsere
Zukunft nicht.

Ohne das Hässliche
kennen wir das Schöne nicht.

Sagt er zu mir.
Wohl wissend und überlegen,
an seiner Zigarette ziehend.

Wow, er geht nach dem dualen
System, denke ich mir und
lasse ihn gewähren. Schließlich
lieben es die Menschen, zu
gewinnen. Recht zu haben.
Ihr Wissen anderen zu zeigen.

Für mich ist Zukunft nur ein
Wort, dessen Ausgang ich nicht
erkennen kann. Nicht mehr
und nicht weniger. Fertig.

Mir war sie egal. Diese Zukunft.
Denn was war sie schon?
Das Ergebnis von Antimaterie und
Materie? Oder wird sie durch
die Gravitation nur zurechtgebogen?

Wie das glücksbringende Hufeisen?
Wir werden es sehen!
Doch alles hat ein offenes Ende.

Wird es deine oder meine Pfandflasche
sein, die einem Obdachlosen 25 Cent
einbringt? Doch in meiner Zukunft
ist es nur seine Gegenwart.
Oder wird sie morgen gar mein Retter sein?
Diese Pfandflasche?

Es sind diese Momente.
Wenn du als Kind auf der Kellertreppe
sitzt und die Sonne diesen magischen
Moment über dir erzeugt.
So kräftig, dass du nur hineinblinzeln kannst.
Ist das die Wärme unserer Urheimat?

Es ist eine schöne Art, die Zukunft zu sehen.
Denn sie wird dich stets wärmen.

ALS DU FORT WARST

Gegenstände liegen herum.
Hier und da.
Bestecke, Kaffeetassen mit
schönem Blumenmuster, ein
dunkelblauer Schal. Waren mal
Geschenke von dir.
Genau wie die versilberte
Taschenuhr.

Zettel mit alten Liebesbekenntnissen
von dir liegen in einer grünen Glasschale.
Wir waren richtig ineinander verknallt.
Vor vielen Jahren einmal.

Plunder, wie gemeinsame
Eintrittskarten, eine Haarklammer
und 3 Passfotos von dir, eine Rolle
Ringelband, unzählige Teelichter
und ein Schlüsselanhänger mit einem
kleinen grauen Teddybär von dir liegen
noch in einigen Schubladen.
Doch ich bewache diesen Plunder,
wie ein hungriger Löwe seine Beute.
Nichts davon wird hergegeben.

Im Gedanken schimpfe ich mit
dir. Doch eigentlich vermisse
ich dich nur.
Ein komischer Kauz wäre ich.
Ja, da hast du vermutlich recht.
Aber der Kauz sitzt jetzt hier,
raucht eine Zigarette nach der
anderen und schreibt diese
Zeilen.

Der Löwe will es nicht wahrhaben,
dass die guten Zeiten längst
verdaut sind. Der schöne Geschmack
früherer Zeiten nur noch wie ein
Nebel daliegt.

So halte ich mich fest, an diesem
Gerippe aus alten Erinnerungen
und genieße ein letztes Mal das
alte Fest der Liebe.

Deine Sachen.
Diesen Plunder.

DER BRÜLLER

Es ist ein ziemlich abgewrackter Imbiss.
Aber die Currywurst und das Publikum
drum herum haben es in sich.

Neukölln, wie gemalt.
Berlin in seinen wahren Farben.
Geschäfte aus aller Welt.
Einen Karstadt mit Subway- und
Postbankfiliale.
Direkt nebenan gibt es noch
einen anderen Imbiss. Nicht irgendeinen,
nein, einen mit hausgemachten
Kartoffelpuffern. Die Frontseite oben
ist rot und darauf steht in weißen
Buchstaben „PUFFER-IMBISS".

Auf der Straßenseite gegenüber
gibt es einen Park mit afrikanischen
und arabischen Drogendealern.
So hat alles seinen Platz.
Seine Ordnung und so.

Mittendrin steht also dieser abgewrackte
Imbiss. Mein Lieblingsimbiss.
Zu seiner Linken sitzt immer ein
Mann um die 30 im Schneidersitz.
Auf einer hellroten Isomatte.
Sein Wohnzimmer besteht aus einer
kleinen Umhängetasche und
einem großen schwarzen Rucksack.
Gefüllt mit Wasserflaschen der
Marke „ja!".
Seine Familie besteht aus einem
treuen Schäferhund mit grasgrünem Napf
vor der Schnauze.
Eine blaue Metalldose mit gelber
Aufschrift „CHARLIE" ist seine kleine
Bank. Mit einigen Münzen drin.

Regelrecht umkreist wird er von
einem Rollstuhlfahrer. Jenseits der 50.
Eine hellblaue Sporttasche
baumelt zwischen den Schiebegriffen
seines Rollstuhls.

Sein schwarzes Basecap ist tief ins
Gesicht gezogen. Ruht fast
auf der Sonnenbrille.
Das schwarz-weiß karierte Hemd,
sorgfältig in die Jeans gestopft.
Diese spindeldürren Beine, deren Füße
in pechschwarzen Turnschuhen enden,
kann er nur langsam, in kleinen Schritten
bewegen.

Sein Leben macht ihm aber sichtlich Spaß.
Runde um Runde fährt er
und der Schäferhund beobachtet
aufmerksam das Geschehen.
Dabei spricht der Rollstuhlmann
immer wieder mit dem Hund.
Doch ich kann nichts verstehen.
Kein Wort. Vielleicht ist es eine
Art Geheimsprache, die niemand,
außer ihm und dem Hund, verstehen soll.

Doch steuert man den Imbiss an,
bleibt er augenblicklich stehen.
Der Rollstuhlmann geifert jeden an.
Jedoch nicht mit Beschimpfungen, sondern
mit Kommentaren.
Entweder zur Kleidung, deiner Größe
(mich nannte er immer „der Lange")
oder sonst was.

Meistens geht er den Inhaber der
Frittenbude an.
Erklärt ihm seinen Job.
Geht ihm auf die Nerven.
Das Bier müsste kühler sein.
Die Pommes etwas knuspriger.
Die Bratwürste nicht ganz so dunkel.
Und so weiter.
Und so weiter.

Dann greift er plötzlich hinter sich.
In die blaue Tasche und holt ein
Kofferradio heraus.
Stellt es auf den weißen Klapptisch
vor den Imbiss, zieht die Antenne
heraus und schaltet es
nicht ein.

Irgendwann wird sein Brüllen
wie das Radio sein:

Ausgeschaltet.

Sein Rollstuhl irgendwo liegen.
Zusammengeklappt.

Die Pommes werden nicht anders
sein als zuvor.
Und der Rest der Welt auch
nicht.

ALUMINIUMMANN

Mein erster Verdacht ist:
Der hat Angst vor Handystrahlen!
Aber dann zückt er sein eigenes
Handy hervor und beginnt hastig
etwas hinein zu tippen.
Seine Finger sind das einzige,
was von ihm zu sehen ist.
Sein Kopf und Oberkörper
sind vollständig in Alufolie gewickelt.
Der dicke Wintermantel bis zu
den Ellbogen hochgekrempelt.
Auf der Rückseite seines Mantels ist
ein großer Aufnäher in Form
eines Vollmonds zu erkennen.
Ein weißer Vollmond mit lachendem Gesicht,
Schnurrbart und glühend roten Wangen.

So sitzt er hier, auf dieser Bank,
der Aluminiummann,
im U-Bahnhof und telefoniert.
Dreht sich nebenbei Zigaretten. Auf Vorrat.
Immer wieder. Pausenlos
dreht sich der Tabak zwischen
seinen gelb-bräunlichen Fingern.
Doch er zündet sich keine an.

Nein!
Er habe doch keine Angst
vor Handystrahlen.
Er habe Angst vor den Menschen.
Er traue niemandem. Keiner Seele.
Basta!
Lässt er mich wissen.
Dann steht er auf und
geht Richtung Rolltreppe.
Ich sehe ihm nach und dieser
große Vollmond lächelt
mich an.
Bis er irgendwo
in der Menschenmenge
wieder verschwindet.

LEBEN IN EINER STRASSE

Deine ersten Jahre hast du am
Anfang dieser Straße verbracht.
Gleich im ersten Haus.
An der kleinen Abbiegung – oben
rechts. Nach ein paar
Jahren kamst du in ihre Mitte.
Dein Vater hatte dort
gebaut, in Zeiten Schwarz-Weiß.
Dort wurdest du Frau.
Dort wurdest du Mutter.
Meine Mutter.

Hast dich gefreut über
Boris ersten Wimbledonsieg.
Hast im Fernsehen Kriege erlebt
und am eigenen Leib erfahren.
Deutschland hatte sich wieder vereint.
Doch deine Mauer blieb.
In diesem Haus.
Deine Eltern längst verstorben.
Ausflüge und Urlaube waren die
einzige Flucht.
Doch die Wiederkehr
folgte stets.

In die Mitte dieser Straße.

Der Alltag und seine Pflichten
wurden deine Routine und formten
so die Gitterstäbe, die du nie
gesehen hast – nicht sehen wolltest.
Traditionen und Bodenständigkeit,
gepolstert auf dem kleinen Rasen
hinterm Haus.
Deine Welt auf knapp 110 Quadratmetern.
All das in diesem Haus.
Während ich durchs Land zog.
Mal hier. Mal da. Hielt es
nie lange aus. Aber du, du lebst
immer noch in diesem kleinen Ort.
In diesem Haus.

Irgendwann wird der Tod
dich dort besuchen. Dich forttragen
werden sie, die kleinen Leute.
Am Ende der Straße werden sie
abbiegen.
Wieder nach rechts zum Friedhof.
Direkt am alten Damm.

AN IHREM HAUS VORBEI

lief ich vor langer Zeit.
Mehr als 40 Jahre,
ist es her. Heute.

Ich war so 8 oder 9
und sie meine erste
Liebe. Wie ich es
mir so dachte.
Große Schwärmerei kam
wohl eher hin.
Kannst du dich noch
erinnern? Nicht an die erste
Liebe. Nein! Die erste
Schwärmerei, die so geheim
war, dass selbst die
Auserwählte nichts davon ahnte.

Meine war echt 'ne Hübsche und
gehörte zu den Klassenbesten.
Ließ es aber nie raushängen.
Im Gegenteil. Immer ein
Lächeln im Gesicht. Ihre Augen
waren so braun, wie ihre Haare.
Näher kennengelernt habe ich
sie nie. Aber das war mir egal.
Sie gefiel mir aus der Ferne.
Da ich sie gerne beobachtete,
kam ich bei dem ein oder anderen
Diktat manchmal nicht so
ganz mit. Aber es kratzte mich wenig.

Vor einigen Tagen machte ich
einen Abendspaziergang. Kam
wieder an ihre Straße, bog ein und
setzte mich auf das Trottoir,
ihrem früheren
Elternhaus gegenüber.
Rauchte eine und sah mir das
braun lackierte Hoftor an.

Bis die Zigarette runter brannte
saß ich da und beobachtete.
Aus der Ferne und genoss es.

Fast wie damals.

ICH WOLLTE DICH NOCH FRAGEN

wo das damals war, als du aus vollem
Halse gelacht hast. Weißt du's noch?

Nach dem Namen deiner Großmutter
mütterlicherseits. Du hast sie doch
so sehr geliebt.

Nach dem Titel deines Lieblingsfilms.
Auf welche Schule du gegangen bist.
Wie deine erste Liebe war.

Nach deinen sehnlichsten Wünschen
und welche sich davon erfüllt haben.

Was dich an mir am meisten stört
und was ich ändern soll.

Welche deine Lieblingsfarbe ist.
Dein Lieblingslied, bei welchem
du zu träumen beginnst.

Wie du die Welt gestalten würdest,
wärst du ihr Oberhaupt.

All das kann ich dich JETZT
nicht mehr fragen.

Denn gestern Nacht bist du für immer
von mir gegangen und ich hatte dich
nicht mal richtig kennengelernt.

Nach all den vielen Jahren.

DIE AMPEL DES LEBENS

Bleib nicht bei Gelb
stehen. Da bekommst du
nichts.
Nur Rot oder Grün.
Entscheide dich!
Warten oder volle Pulle!

Ohne Ecken,
ohne Kurven.
Einfach nur geradeaus.

Drück die Augen zusammen,
voll konzentriert,
bevor du die
Lebenskupplung langsam
kommen lässt.

Halt die Luft an, besinne
dich, beim Einlegen des
ersten Ganges.

Atme alles aus,
was schon in deinem
Nacken sitzt und auf
deinen Rest lauert.

Dann lehne dich an
einen festen geraden
Ort und rase los
in Richtung letzter
Zärtlichkeit.

Los, los!

EINE FRAU MIT GLÄSERNEM GESICHT

liegt neben mir. Will zu mir sprechen,
als ihr Gesicht gerade zerbricht
und auf diesem weißen
Laken in Buchstaben
zum Gedicht sich
formt für

dich.

ICH WERD' SIE MAL BESUCHEN

das nahm ich mir oft vor.
Immer und immer wieder.
So vergingen die Tage, Wochen,
Monate und Jahre.
Immer wieder. Und immer wieder
kam etwas dazwischen.
Meistens unwichtiges Zeug.
Aber das versteht man oft
erst danach.

So nahm ich es mir vor, ganz fest.
Dieses alte Pärchen, im Haus gegenüber.
Ich mochte diese Leute so sehr. Sie hatten
immer ein gutes Wort auf den Lippen.

Und meinen alten Großvater,
den ich nochmal sehen wollte.
Und sein so schön gezüchteter Rosenbogen.
Er liebte seine Rosen so sehr.
Hütete und pflegte sie. Jedes einzelne
Blatt besprühte er mit irgendetwas.
Als kleiner Bengel beobachtete ich ihn gerne
bei der Gartenarbeit, kniend auf der Küchenbank,
durchs Fenster.

Ich werd' sie mal besuchen. Diese Drei.
Das nahm ich mir ganz fest vor. Ehrlich!
Als ich dann endlich ankam, waren sie tot.
Die Zeit hatte sie geholt. So ist das.
Diese Zeit, die ich zuvor zuviel hatte,
fehlte mir jetzt.

Mit meinem Handy fotografierte ich
ihre Gräber und entschuldigte mich
bei ihnen. Mehr blieb mir nicht.

ENDE

Nachdem sie ging,
kam die Idee: Fort von hier.

Eine letzte Runde durch den Kiez.
Die alte Frittenbude, der Stammkiosk.
Nochmal vorbeigehen.
Ein letztes Mal.
Du nimmst es jetzt intensiver auf.
Alles, wie in Neonfarben getaucht.
Völlig unwichtige Details
stellen jetzt und hier
das Wesentliche ins Abseits.
Das Fort von hier
bekommt plötzlich feine Haarrisse.
Denn mit einem Bein bist du
noch hier.
Doch das andere schlägt schon
ungeduldig neue Pfade ein.

Diese Straßen, diese Gebäude,
diesen Park, am liebsten würdest
du es mitnehmen. Aber es geht
nicht.

Plötzlich stellst du fest,
noch nicht einmal alle
Nachbarsnamen zu kennen.
Und so richtig hast du die
Stadt auch nicht gesehen.
Nach all den Jahren.

Dann rüber zum Supermarkt.
Das letzte Fertiggericht aus
der Kühltruhe. Die letzte
Shampooflasche aus diesem
Regal und dann:
Die letzte Nacht auf dem Sofa.

Der Mond scheint durch dieses Fenster.
Noch einmal ansehen. Wehmut macht
sich breit. Du inhalierst eine Kippe
nach der anderen. Auf dem Sofa liegend.
Den Ascher auf der Brust. Das nächtliche
Geheul der Polizeisirenen. Die Schritte des
Nachbarn über dir. Hat einen Hund.
Manchmal bellt er. Du nimmst alles auf.

Große Abschiede sind wie ein kleiner Tod.

Wenn uns die Zeit davonrennt,
möchten wir gerne etwas von ihr mitnehmen.
Am besten in der Innentasche unseres Anoraks
oder so. Und so gehst du gegen 3 Uhr
nachts nochmal durch den kleinen Park.
Mit vorgedrehten Kippen in der Tasche.
Du zündest eine an und der Park
gehört dir. Ein letztes Mal. Jetzt!
Und keinen juckt es, dass du von hier
verschwindest. Machen Menschen schließlich
jeden Tag.
So gehört diese Nacht dir und du dieser Nacht.
Diesmal ganz besonders. Anders als je zuvor.
Die Zeit legt sich um dich. Fast zärtlich wie
ein Schleier vergangener Liebschaften.
Alles Negative verschwindet mit jedem
Schritt und du genießt diesen Park.

Wie oft bin ich eigentlich durch diesen
Park gegangen? Hat er einen speziellen Namen?
Wie lange existiert eigentlich … ?

Gedanken kreisen im Kopf. Die Augen geschlossen.
Diesen leicht kratzigen Geschmack
des Rauches schmeckst du jetzt intensiver.
Irgendwie anders als sonst.
Denn plötzlich fühlst du:

Diese Stadt ist auf meiner Seite!

DECKUNG WIE EIN BOXER

Wir schlugen uns nicht.
Wir kämpften nicht. Hatten
aber im Lauf der Zeit eine
mächtig gute Deckung aufgebaut.
Tänzelnden, wie einst Ali,
leichtfüßig durch unseren Ring
der Liebe. Anfangs gingen wir
von ihrem Opium beide noch
k.o. Doch dann wurden wir immer
schneller, immer leichtfüßiger
und wichen uns nur noch aus.

Das Schicksal ist manchmal
wie ein schneller Schlag, den du
nicht kommen siehst.
Die Zeit schneidet sich
durch unser Schicksal
wie ein eisernes Rad.
Manchmal weich gebettet,
auf Rosenblättern.

Aber nicht allzu oft.